Ute Stahmann

Oma Petersens Kochbuch vom Lande

Hoffmann und Campe

CIP-Kurztitelaufnahme der Deutschen Bibliothek
Stahmann, Ute:

Oma Petersens Kochbuch vom Lande / Ute Stahmann. —
1. Aufl. — Hamburg : Hoffmann und Campe, 1984.
  ISBN 3-455-08231-9

Copyright © 1984 by Hoffmann und Campe Verlag, Hamburg
Einbandgestaltung Peter Albers unter Verwendung eines
Originals von Wulf Brackrock
Gesetzt aus der Bodoni-Antiqua
Satzherstellung alphabeta Gerds & Kohn GmbH, Hamburg
Druck- und Bindearbeiten Ebner Ulm
Printed in Germany

Inhalt

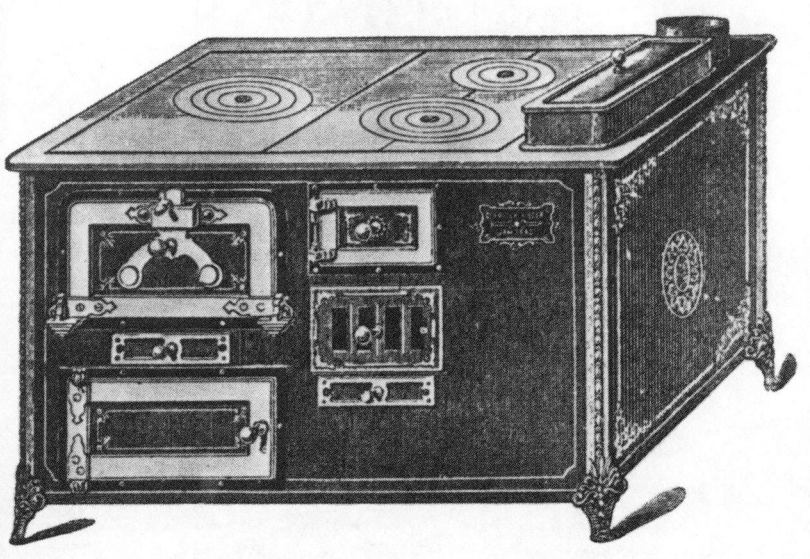

Vorwort

Ob Bunter Stuten, Großer Hans oder Gröner Heini, ob Galoppkuchen, Himmel und Erde oder Windstärke Neun — bis vor einiger Zeit waren mir diese Ausdrücke noch völlig fremd. Inzwischen weiß ich, daß es sich hierbei um ländlich deftige Kost handelt, und das habe ich Oma Petersen zu verdanken. Oma Petersen, meiner Nachbarin in einem 140-Seelen-Dorf in Schleswig-Holstein. Wann immer ich, als Zugereiste, Oma Petersen nach einem Rezept fragte, holte sie ihr kleines schwarzes, handgeschriebenes Büchlein hervor, um mich in ihre Kochkunst einzuweihen. Ich guckte gern in ihre Töpfe. Sie ließ mich probieren von den kräftigen Suppen, den noch ofenwarmen Kuchen und den köstlichen Puddings. Dabei erzählte sie mir kleine Geschichten über Sitten und Gebräuche vom Leben auf dem Lande. Warum man früher bei Beerdigungen Zwieback aß, ein Kaffee-Rum-Getränk Pharisäer heißt und man den Wöchnerinnen Weinsuppe brachte. Sie gab mir viele Tips und verriet mir Tricks, wie man so manches Gericht einfacher und besser zubereiten konnte. All das hat mich bewogen, es zu einem kleinen Küchenbuch zusammenzufassen. Für jene Leute, die in der Stadt wohnen und das Land lieben, die erfahren wollen, wie man auf dem Lande früher gekocht, gegessen, gelebt und gefeiert hat und das gelegentlich auch heute noch tut. Damit all das, was Oma Petersen in ihrem Büchlein mit den vergilbten Seiten und den vielen losen Zetteln aufgeschrieben hat, nicht in Vergessenheit gerät. Denn nur sie findet sich in ihren Aufzeichnungen zurecht. Nur sie weiß mit den Rezeptzutaten, hinter denen keine weiteren Angaben stehen, etwas anzufangen. Es sind überlieferte Rezepte von ihrer Großmutter und ihrer Mutter, von ihren Verwandten und Bekannten. Die Namen hat sie zur Erinnerung dahintergesetzt. Einige Gerichte, die man heute nicht mehr nachkochen wird, habe ich hier dennoch aufgeschrieben. Sie sollen von den Zeiten erzählen, in denen alles knapp war und man sich behelfen mußte. Andere sollen einfach nur veranschaulichen, wie man früher auf dem Lande gelebt hat. Ich danke Oma Petersen und auch Frau Voss, die ebenfalls mit so mancher Geschichte beitrug, für die Stunden der Mühe und Muße.   Ute Stahmann

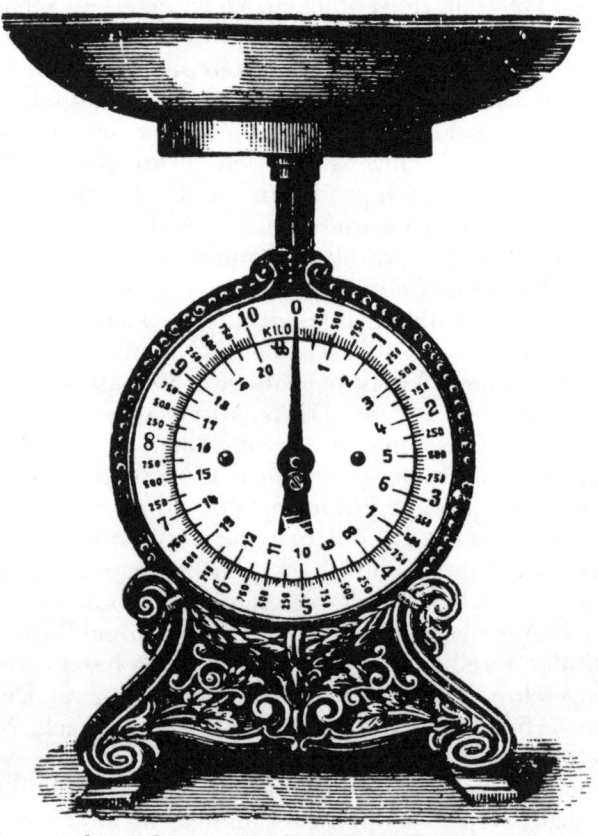

Wenn nicht anders angegeben, sind alle Rezepte für vier Personen gedacht.

Suppen

Brotsuppe
Buttermilchsuppe mit Klüten
Ernas grüne Wiesensuppe
Fliederbeersuppe
Grüne Kernsuppe
Hagebuttensuppe
Holunderblütensuppe
Kerbelsuppe
Klostersuppe
Petersiliensuppe
Pflaumensuppe
Spinatsuppe
Taubensuppe
Vadders Lieblingssuppe
Vanillesuppe
Weinsuppe

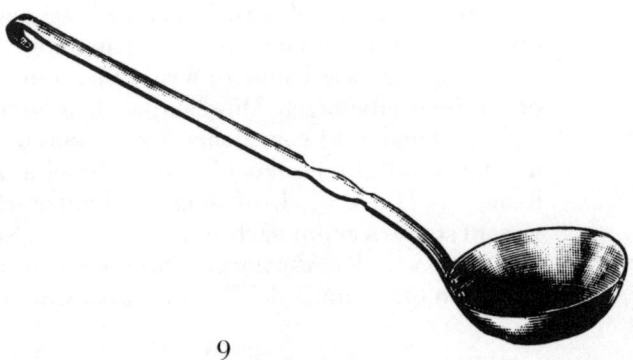

Ein freudiges Ereignis

Ein Grund zur Freude und zum Feiern: Das Dorf zählte einen Erdenbürger mehr! Verwandte, Freunde und Nachbarinnen kamen ins Haus und kümmerten sich um Mutter und Kind. Sie wuschen und wickelten das Neugeborene und legten es der stolzen Mutter in die Arme. Zur Feier des Tages nahm man dann gemeinsam den ›Keesfod‹ ein (von Kindsfuß — das Kind ist da): ein Gericht aus dickem Reis, geschmolzener Butter, Zucker und Zimt. Die Wöchnerin saß ›aufgetürmt‹ im Bett in ihrem besten Nachthemd mit den schönsten gehäkelten Spitzen. Es gab Kaffee und Butterkuchen und anschließend reichlich Schnaps, um das freudige Ereignis gebührend zu begießen.

Damit die Mutter recht schnell wieder zu Kräften kam, sorgten die Dorfbewohnerinnen in der Folgezeit für stärkende Kost. Das waren dann die sogenannten ›Wöchnerinnensuppen‹, wie Tauben-, Wein-, Bier- oder Hühnersuppe. Im dreibeinigen ›Möschenpott‹ (ein breitrandiger Topf, den man ins Feuer stellen konnte und in dem später der Kinderbrei gekocht wurde) brachte man das Essen ins Haus. Im Dorf ging ein Laufzettel herum, worauf stand, wer am nächsten Tag mit dem Kochen an der Reihe war. Die Portionen waren meist so reichlich, daß auch die Familie der Wöchnerin davon satt wurde.

Oma Petersens
festliche frische Suppe mit Einlage
für 15 Personen (Vorsuppe)

1½ Pfund Markknochen, 2 Pfund Suppenfleisch, 4 Liter Wasser, etwas Salz, Suppengrün, 1 Pfund Spargel, ½ Pfund Rinderhack, ½ Pfund Schweinehack, 2 Eier, 1 Prise Salz und Pfeffer, eventuell etwas Paniermehl

Aus Markknochen, Suppenfleisch, Wasser, Salz und Suppengrün eine Brühe kochen. Das Hack vermengen, Eier, Salz, Pfeffer und etwas Paniermehl darangeben und zu kleinen Klößchen formen. In kochendes Wasser geben und kurz weiterkochen lassen. Die Brühe durch ein Sieb geben, den kleingeschnittenen Spargel darin gar kochen, die Fleischklößchen dazugeben und gut abschmecken.

Brotsuppe

1½ Liter Buttermilch, ½ Pfund Brotreste, Zucker, Salz, Rosinen oder Backobst, abgeriebene Zitronenschale

Die Brotreste in Stücke brechen und über Nacht in der Buttermilch aufweichen. Am nächsten Tag aufkochen und das Ganze durch ein Sieb streichen. Mit den Rosinen und der Zitronenschale wieder aufs Feuer setzen. Falls die Masse zu dick ist, noch etwas Buttermilch hinzufügen. Mit Zucker und Salz abschmecken. Die Suppe wird noch schmackhafter, wenn man sie zum Schluß mit einem Ei abrührt.

»Brot wegwerfen? Das kannten wir früher nicht! Entweder fütterten wir das Vieh damit, oder die Reste wurden gesammelt, und es gab noch einmal eine Mahlzeit daraus, wie Brotauflauf oder -suppe.«

Buttermilchsuppe mit Klüten

1 Liter Buttermilch, 1 Tasse gequetschte, heiße Kartoffeln,
1 Prise Salz, etwas Mehl, 2 Eier, Zucker
Die Buttermilch aufkochen und die Kartoffeln mit Salz
und Mehl zu einem Kloß verrühren. Mit einem nassen
Eßlöffel Klöße in die siedende Milch setzen und ziehen
lassen. Eier und Zucker schaumig schlagen und darunterziehen.

Ernas grüne Wiesensuppe

6 bis 8 große Kartoffeln, Brühe, etwas Salz, eine Handvoll
Spinat, 2 Eigelb, 4 Eßlöffel Sahne, 1 Stück Butter
Kartoffeln schälen, würfeln und in reichlich Brühe mit
Salz gar kochen. Anschließend das Ganze durch ein Sieb
streichen. Den Spinat kocht man einige Minuten in Salz-
wasser, streicht ihn ebenfalls durchs Sieb und gibt ihn
in die Kartoffelmasse, die suppig sein muß. Man läßt die
Suppe unbedeckt 1/2 Stunde langsam kochen. Mit
Eigelb, Sahne und Butter abziehen. Die Suppe darf
nicht zu dick sein.

Fliederbeersuppe

1 Pfund Fliederbeeren, 2 Liter Wasser, 1/2 Pfund Äpfel,
1 Eßlöffel Kartoffelmehl, 1 Eßlöffel Zitronensaft, Schale
einer Zitrone, Zucker nach Geschmack
Fliederbeeren waschen, abstreifen und mit der Zitronenschale in Wasser kochen. Durch ein Sieb geben. Die
in Scheiben geschnittenen Äpfel in der Suppe weich
kochen, sie dürfen jedoch nicht zerfallen. Mit Kartoffelmehl andicken und mit Zucker und Zitronensaft
abschmecken. Dazu ißt man Grießklöße.

Grüne Kernsuppe (Mutter Lene)

*2 Liter Fleisch- oder Hühnerbrühe, ¼ Pfund Grünkern-
mehl, 50 Gramm Butter, ⅛ Liter saure Sahne, 1 Eigelb,
Salz (statt Grünkernmehl kann man auch 60 Gramm
Grünkerngrütze nehmen)*

Das Grünkernmehl wird mit etwas kalter Brühe ange-
rührt, in die kochende Brühe gegeben und ½ Stunde
langsam gekocht. (Grünkerngrütze muß bis zu 1½
Stunden kochen, man weicht sie deshalb vorher einige
Stunden in ¼ Liter Wasser, um die Kochdauer abzu-
kürzen.) Die saure Sahne unterrühren, Butter und Salz
dazugeben. Mit einem verschlagenen Eigelb legieren.
Als Einlage für diese besonders nahrhafte Suppe kann
man junge Erbsen, Spargelspitzen sowie Schwemm-
oder Markklößchen nehmen.

Hagebuttensuppe (Frau Harmsen)

*1 Tasse Hagebutten, 3 Tassen Wasser, Schale einer Zitrone,
1 Stück Zimtstange, 1 Nelke, 2 Eßlöffel Zucker, 1 Glas
Wein, 1 Teelöffel Kartoffelmehl*

Die Hagebutten mit dem Wasser, dem Zimt, der Nelke
und der Zitronenschale weich kochen, durch ein Sieb
streichen und mit dem Zucker, dem Wein und dem in
wenig Wasser angerührten Kartoffelmehl noch einmal
aufkochen. Die Suppe kann heiß oder kalt gegessen
werden. Als Einlage eignen sich kleine Grieß- oder
Schwemmklößchen.

Holunderblütensuppe (Gretel)

*1 Liter Milch, 2 bis 3 große Holunderblütendolden,
3 Eßlöffel Zucker, 1 Eßlöffel Kartoffelmehl, 3 Eier, etwas
Zimt und Zucker*

Die Milch erhitzen und die gewaschenen Holunderblütendolden 4 Minuten in die kochende Milch hängen.
Diese durch ein Sieb gießen und mit dem Zucker wieder
aufkochen. Vom Feuer nehmen und das in wenig Wasser angerührte Kartoffelmehl hinzufügen. Mit dem
Eigelb legieren. Abkühlen lassen und portionsweise auf
Teller verteilen. Das Eiweiß zu Schnee schlagen, kleine
Häufchen auf die Suppe setzen und Zucker und Zimt
darüberstreuen.

Kerbelsuppe

*⅜ Pfund Kerbel, 1 Liter Fleischbrühe, 2 Eßlöffel Butter,
Salz, Pfeffer, 2 Eßlöffel saure Sahne*
Kerbel waschen und fein schneiden. Fleischbrühe erhitzen, Kerbel in heißer Butter andünsten, die Brühe
angießen, mit Salz und Pfeffer abschmecken und die
saure Sahne unterziehen.

Klostersuppe

*60 Gramm mittelfeine Graupen, 1 Liter Wasser, ¾ Liter
Milch, 50 Gramm Rosinen, Salz, Zucker, Rum, 3 Eier,
1 Zitrone*
Die Graupen am Abend zuvor waschen und einweichen.
Am nächsten Morgen mit dem Einweichwasser aufs
Feuer setzen. Sind die Graupen fast gar, werden Rosi-
nen, Milch und geriebene Zitronenschale hineingege-
ben. Das Eigelb, mit Zucker verrührt, hinzufügen. Die
Suppe mit Salz, Zucker und Rum abschmecken. Das
Eiweiß zu Schnee schlagen, mit Zucker vermischen und
in kleinen Häufchen auf die Suppe setzen.

*»Das Rezept für diese Suppe stammt ursprünglich aus den
Klöstern. Bei uns wurde sie früher zu den Kranken ausgetragen.
Im ›Möschenpott‹. Das war der Topf, in dem wir auch Brei und*

Müslein für die Kinder kochten. Ein bauchiger Topf mit breitem Rand und drei Beinen. Er wurde ins schwach glühende Feuer gestellt und konnte dann langsam vor sich hin ›lummern‹. Die Brühen wurden dann glasklar. Wenn man sie gelb haben wollte, so gab man noch ein paar Tropfen Safran daran. Das Austragen der Suppen haben entweder die Nachbarinnen oder die Pastorate übernommen.«

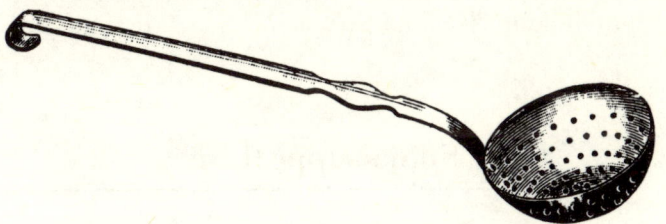

Petersiliensuppe mit Grießklößchen
(Lotte)

1 Liter Fleischbrühe, 4 Petersilienwurzeln, 6 Eßlöffel gehackte Petersilie; für die Klößchen: 2 Eßlöffel Butter, 2 Eier, Salz, geriebene Muskatnuß, ¼ Pfund grober Grieß
Fleischbrühe erhitzen und die in feine Streifen geschnittenen Petersilienwurzeln darin garen. Petersilie hacken. Für die Klößchen Butter schaumig rühren, Eier, Salz und Muskat einarbeiten, nach und nach den Grieß einrieseln lassen und verrühren. Den Teig 10 Minuten ziehen lassen, dann mit dem Löffel Klößchen abstechen und in der Petersiliensuppe garen. Die Klößchen sind fertig, wenn sie an die Oberfläche steigen. Zuletzt die gehackte Petersilie in die Suppe geben, kurz aufkochen und servieren.

Pflaumensuppe

2 Liter Wasser, 2 Pfund entsteinte Pflaumen, einige Pflaumensteine, Zucker, 3 Eßlöffel Kartoffelmehl, Zitronensäure

15

Die Pflaumen werden mit dem Wasser und einigen Steinen, die man zerstoßen und in ein Mulläppchen gebunden hat, zum Kochen aufgesetzt. Sind die Pflaumen genügend ausgekocht, wird die Suppe mit Kartoffelmehl angedickt und mit Zucker und Zitronensäure abgeschmeckt. Die Suppe mit geröstetem Brot oder Zwieback reichen. Man kann die Suppe auch mit Kirschen zubereiten. Die Verarbeitung ist die gleiche. Man nimmt dann ¾ Pfund Kirschen.

Spinatsuppe (Lisa)

½ Pfund Spinat, 2 Eßlöffel Butter, 1 Zwiebel, 4 gestrichene Eßlöffel Weizenmehl oder geriebene Semmel, 1 ¼ Liter Wasser oder Brühe, Salz, 1 Semmel, 1 Eßlöffel Butter zum Rösten
Der Spinat wird gründlich gewaschen, fein zerschnitten und zusammen mit den Zwiebelwürfeln in Butter gedünstet. Das Weizenmehl oder die geriebene Semmel läßt man kurz darin durchschwitzen und füllt nach und nach mit der Flüssigkeit auf. Die Suppe muß 10 bis 15 Minuten kochen, dann wird sie abgeschmeckt und mit gerösteten Semmelwürfeln angerichtet.

Taubensuppe mit Eierstich

4 bis 6 Tauben, 2½ Liter Wasser, Suppenkraut, Salz; Eierstich: 3 Eier, ⅛ Liter Brühe, ½ Teelöffel Salz, 1 Prise Muskat
Die sauberen Tauben mit kaltem Wasser, etwas Salz und Suppenkraut zum Kochen bringen. Löst sich das Fleisch vom Knochen, wird die Suppe durch ein feines Sieb gegeben. Die Zutaten für den Eierstich werden gut

miteinander verquirlt, in eine mit Butter gefettete Form gefüllt und in heißes Wasser gestellt, bis die Masse fest wird. Dann den Eierstich in viereckige kleine Stücke schneiden und in die klare Suppe geben.

Vadders Lieblingssuppe

4 Liter Buttermilch, 1½ Pfund durchwachsener Speck, ½ Pfund Rosinen oder 1 Pfund frische Birnen, Klöße von 1 Pfund Mehl, Salzkartoffeln, Zucker, ½ Eßlöffel Mehl

Den Speck in wenig Wasser garen. Die Buttermilch aufkochen und den Speck ¼ Stunde hineinlegen, damit sie den Speckgeschmack annimmt. Rosinen oder Birnen in Wasser weich kochen und samt Flüssigkeit in die Buttermilch geben. Mit Zucker abschmecken und mit etwas Mehl binden. Zum Schluß die kleinen Mehlklöße in die Suppe geben. Sie wird mit Speck und Salzkartoffeln auf den Tisch gebracht.

Vanillesuppe

1½ Liter Milch, ½ Stange Vanille, 2 gestrichene Eßlöffel Kartoffelmehl, 2 Eier, Zucker und Salz nach Geschmack

Die Milch mit der Vanille zum Kochen bringen. Kartoffelmehl mit etwas kalter Milch verquirlen, hinzufügen und noch mal kurz aufkochen lassen. Mit 2 Eigelb legie-

17

ren und mit Zucker und Salz abschmecken. Das Eiweiß zu Schnee schlagen und kleine Häufchen auf die Suppe setzen.

»Damit die Milch nicht anbrennt, sollte man den Topf vorher mit kaltem Wasser ausspülen.«

Weinsuppe

1½ Liter Wasser, 150 Gramm mittlere Graupen, 200 Gramm Rosinen, 1 Stange Zimt, 1 Prise Salz, 1 Flasche Weißwein, 4 Eier, Zucker nach Geschmack
Wasser mit Graupen, Zimt und etwas Salz aufsetzen und so lange kochen, bis die Graupen fast gar sind. Die Rosinen dazugeben und gar kochen. Den Wein hinzufügen, nochmals kurz aufkochen lassen, Eigelb und Zucker schaumig rühren und die Suppe damit legieren. Eischneeklößchen auf die fertige Suppe setzen.

»Diese Suppe wurde früher auch ›Karkensupp‹ genannt. Wahrscheinlich, weil es sie häufig an kirchlichen Feiertagen gab.«

Eintopf- und Gemüsegerichte

Oma Petersens festliche Gemüseplatte
Birnen, Bohnen und Speck
Erbsen und Wurzeln mit Butterball
Erbsensuppe mit ›Snuten un Poten‹
Gefüllter Kohlkopf
Gestobte Kartoffeln
Großmutters Kartüffelsupp
Grüner Kohl nach Mutters Art
Grünkohlsuppe
Hammeltopf mit grünen Bohnen
Himmel und Erde
Kartoffelpfannkuchen mit Apfelmus
Mangold
Mudderns roden Kohl
Rote-Rüben-Salat
Rübenmus
Sauerkrautsuppe
Schnüsch
Steckrübeneintopf
Süßsaure Linsensuppe
Suppe von jungen Erbsen
Warmer Kartoffelsalat
Weiße Bohnensuppe

Oma Petersens
festliche Gemüseplatte für 15 Personen

1½ Pfund Blumenkohl, 1½ Pfund Erbsen, 1½ Pfund Wurzeln, 1½ Pfund Wachsbohnen, 1½ Pfund Stangenspargel, 1½ Pfund Rosenkohl, Salz, Butter, geriebener Zwieback
Das frische Gemüse putzen, waschen und getrennt in kochendem Salzwasser garen. Den Blumenkohl legt man in die Mitte einer großen Gemüseplatte und verteilt das übrige Gemüse drum herum. Über Blumen- und Rosenkohl gibt man in Butter gerösteten Zwieback, über das andere Gemüse leicht gebräunte Butter. Die Gemüseplatte paßt zu fast jedem Festtagsbraten.

Birnen, Bohnen und Speck

1½ Pfund durchwachsener Speck oder Schinkenreste, 2 Pfund frische Brechbohnen, 2 Pfund feste, kleine Birnen, Salz, Pfeffer, Bohnenkraut, Petersilie, 1 Prise Zucker

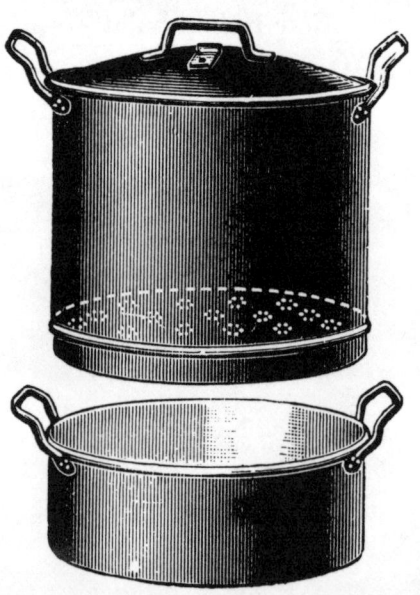

Speck mit ¾ Liter Wasser aufsetzen und ½ Stunde kochen lassen. Bohnen und Bohnenkraut hinzufügen und fast gar werden lassen. Die ganzen Birnen (mit Stiel und Schale) nebeneinander obendrauf legen und bei mittlerer Hitze garen. Mit Salz, Pfeffer und Zucker abschmecken. Das Fleisch in Scheiben schneiden und auf einer Platte anrichten. Die Bohnen darübergeben, und die Birnen rundherum legen. Vor dem Servieren reichlich frisch gehackte Petersilie über das Ganze geben. Dazu ißt man Salzkartoffeln. Die Birnen faßt man am Stiel an und ißt sie aus der Hand.

»Früher hieß dieses Gericht bei uns nur ›Gröner Heini‹. Es war ein besonders beliebtes Sommergericht. Man aß es, wenn die Birnen noch grün waren, die Bohnen gerade reif und der Schinken noch nicht ganz zu Ende war.«

Erbsen und Wurzeln mit Butterball (Mutter)

1 Pfund junge Erbsen, ½ Pfund geschnittene Wurzeln, ½ Liter Wasser, 2 Eßlöffel Butter, 2 gehäufte Eßlöffel Mehl, Salz, Zucker, ½ Tasse Sahne, gehackte Petersilie
Wasser mit etwas Salz und Zucker zum Kochen bringen. Die Gemüse hineingeben und gar kochen. Die Sahne dazugeben. Die weiche Butter mit Mehl zu einem Kloß verrühren und die Masse löffelweise unter das Gemüse geben. Kurz aufkochen lassen, abschmecken und die Petersilie darüberstreuen.

Erbsensuppe mit ›Snuten un Poten‹

1 Pfund grüne ungeschälte Erbsen, 1 Pfund Snuten, Poten und Schweineohren, ¼ Pfund magerer Räucherspeck,

»Geschlachtet wurde immer im Winter.
Der Schlachter kam schon frühmorgens gegen
vier Uhr ins Haus. Geräte und reichlich Wasser
hatten wir am Vortag schon bereitgestellt. Die
geschlachteten Tiere (meist Schweine) wurden
draußen zum Auskühlen an eine Leiter gehängt.«

Speckschwarten, eventuell Schinkenknochen und Kasseler-
reste, Suppengemüse, 1 Pfund Kartoffeln, Salz, Pfeffer,
Majoran

Die Erbsen am Abend vorher in reichlich Wasser (ca. 3 Liter) einweichen. Am nächsten Tag das gewaschene Fleisch mit dem Einweichwasser zum Kochen bringen und nach 20 Minuten die Erbsen, das kleingeschnittene Gemüse und die Kartoffeln dazugeben. So lange weiterkochen, bis die Erbsen und Kartoffeln gar sind (etwa 1½ Stunden). Das Fleisch herausnehmen, kleinschneiden und wieder in die Suppe geben. Mit Salz, Pfeffer und Majoran abschmecken.

Gefüllter Kohlkopf

1 Weißkohlkopf von ungefähr 3 Pfund, Wasser, Salz, Fri-
kandellenteig von 1 Pfund Fleisch

Den Kohlkopf in gesalzenem Wasser kurz aufkochen lassen und aus dem Wasser nehmen. Einen Deckel abschneiden und Kohlkopf und Deckel aushöhlen. In die Höhlung den Frikandellenteig geben, mit dem Deckel verschließen und das Ganze mit einem Baumwollfaden vorsichtig umwickeln. In schwach gesalzenem Wasser gar kochen. Man gibt den Kohlkopf mit einer Zwiebel- oder Béchameltunke zu Tisch.

Gestobte Kartoffeln

3 Pfund Pellkartoffeln, 1 große Zwiebel, Butter, ½ Liter
Sahne

Die warmen Pellkartoffeln in Scheiben schneiden. Die gewürfelte Zwiebel in Butter andünsten und die Sahne nach und nach dazugießen. Aufkochen lassen. Die Pellkartoffeln hineingeben und langsam köcheln lassen, bis die Masse sämig ist. Zum Schluß mit Salz abschmecken.

Großmutters ›Kartüffelsupp‹

2 Pfund Kartoffeln, 1½ Liter Fleischbrühe, 2 Pfund Kasse-
ler Bauch, durchwachsener Speck, Räucherschwarten,
3 Wurzeln, 2 Stangen Porree, 1 Sellerieknolle, 2 Petersilien-
wurzeln, 2 Zwiebeln, 100 Gramm fetter Räucherspeck,
Salz, Pfeffer, Petersilie

Brühe, Fleisch, mageren Räucherspeck und Räucherschwarten, das geputzte und kleingeschnittene Gemüse
und 1 Zwiebel in einem Topf zum Kochen bringen. Auf
kleiner Flamme ungefähr 1 Stunde köcheln lassen, bis
alles gar ist. In der Pfanne den in kleine Würfel geschnittenen fetten Speck und die Zwiebeln goldbraun braten
und in die Suppe geben. Mit Salz und Pfeffer abschmek-
ken und mit feingehackter Petersilie anrichten.

Grüner Kohl nach Mutters Art

4 Pfund Grünkohl (nach dem ersten Frost), 2½ Pfund
Schweinebacke, 2 Pfund Kasseler, 4 Kohlwürste, 2 Zwie-
beln, Schmalz, kleine Pellkartoffeln, Butter, Salz, Zucker,
Fett zum Anbraten

Die Rippen vom Grünkohl entfernen (sonst schmeckt er
bitter), gut waschen und durch den Fleischwolf drehen.
Die Schweinebacke mit wenig Wasser und den Zwiebeln
zum Kochen bringen. Den Kohl dazugeben und bei
mittlerer Hitze garen. Kasseler anbraten und zum Kohl
geben. Die Kohlwürste obendrauf legen. Durch einen
Stich Schmalz wird der Kohl schön blank. Dazu ißt man
kleine Pellkartoffeln, die in der Pfanne in einem kara-
melisierten Butter-Zucker-Gemisch rundherum süß
und braun gebraten werden. Fleisch, Kartoffeln und
Kohl einzeln anrichten. Zuckertopf oder Sirup gehören
unbedingt mit auf den Tisch!

Grünkohlsuppe (Uroma Petersen)

2 Pfund geräucherte Rinderbrust, Fleischklöße von 1 Pfund Hack, 2 Liter Wasser, 2 Pfund abgekochter, durchgedrehter Grünkohl, ½ Tasse Hafergrütze, Salz, Salzkartoffeln

Wasser und Fleisch zum Kochen aufsetzen. Nach 1 Stunde Kochzeit den durchgedrehten Grünkohl, die Hafergrütze und die kleinen Fleischklöße dazugeben, schwach weiterkochen lassen. Mit Salz abschmecken. Wenn das Fleisch gar ist, herausnehmen und in Scheiben schneiden. Mit der Suppe und Salzkartoffeln servieren.

»Wenn man die Suppe noch kräftiger möchte, kann man auch Kohlwürste darangeben.«

Hammeltopf mit grünen Bohnen

1 Pfund Hammelfleisch, ¼ Pfund magerer Räucherspeck, 2 Pfund Brech- oder Schnittbohnen, ¾ Pfund Kartoffeln, Salz, Bohnenkraut, 1¾ Liter Brühe, Petersilie

Das gewaschene, in Würfel geschnittene Fleisch, den Speck, die geputzten und geschnittenen Bohnen und

Kartoffeln, Salz, Bohnenkraut und die Brühe zum Kochen bringen. Ungefähr 1 Stunde gar kochen. Das Bohnenkraut herausnehmen, mit Salz und Pfeffer abschmecken und mit reichlich feingehackter Petersilie anrichten.

Himmel und Erde

2½ Pfund Kartoffeln, 2½ Pfund Äpfel, ¼ Pfund Speck, Zucker und Salz nach Geschmack
Die Kartoffeln schälen, kochen und stampfen. Das gleiche macht man mit den Äpfeln. Jeweils mit Zucker und Salz abschmecken. Dann Kartoffeln und Äpfel miteinander vermengen und den ausgebratenen Speck darübergeben.

»Wenn es der Wohlstand des Hauses zuließ, gab es auch schon mal gebratene Leberscheiben dazu.«

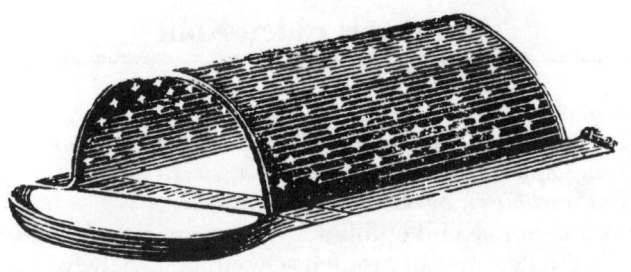

Kartoffelpfannkuchen mit Apfelmus

2 Pfund Kartoffeln, 2 Eier, 1 geriebene Zwiebel, etwas Salz, 2 Eßlöffel saure Sahne, 2 geriebene Zwiebäcke, Fett zum Backen, Apfelmus

Kartoffeln reiben, abtropfen lassen und mit den übrigen Zutaten gut vermengen. Den Teig löffelweise in das heiße Fett geben und von beiden Seiten knusprig braun backen. Dazu ißt man Apfelmus.

Mangold (Grete)

6 Pfund Mangold, ¼ Pfund Butter, ⅛ Liter Sahne, Salz

Mangold gut waschen und in wenig Salzwasser weich kochen. Abtropfen lassen und durch den Fleischwolf drehen. In den Kochtopf zurückgeben, mit Butter und Sahne aufkochen und mit Salz abschmecken. Man kann die Blätter und Stiele auch getrennt verarbeiten. Die Blätter schmecken wie Spinat, die Stiele haben einen spargelähnlichen Geschmack.

Mudderns roden Kohl

2 Pfund Rotkohl, 60 Gramm Schmalz oder Gänsefett, 1 große Zwiebel, 2 Eßlöffel Essig, ¼ Liter Fleischbrühe, 3 saure Äpfel, 3 Eßlöffel Johannisbeergelee, 3 Nelken, 2 Lorbeerblätter, Zucker, Salz, Stärkemehl

Die äußeren Kohlkopfblätter entfernen, den Kopf in Viertel teilen und in Streifen schneiden. Zwiebelwürfel kurze Zeit in Fett anschwitzen, den Kohl dazugeben und ihn so lange darin schwenken, bis er glänzend ist. Essig, Brühe, Nelken, Lorbeerblätter und die kleingeschnittenen Äpfel hinzugeben. Vor dem Anrichten mit Zucker und Salz abschmecken und mit etwas Stärkemehl sämig machen. Statt der Brühe kann man auch Weiß- oder Rotwein nehmen. (1 bis 1½ Stunden köcheln lassen)

Rote-Rüben-Salat (Oma Lottchen)

*1 Pfund rote Rüben, 1 kleine Zwiebel, 1 Teelöffel in feine
Würfel geschnittener Meerrettich, ⅛ Liter verdünnter
Essig, Salz, Zucker, ½ Teelöffel Kümmel*
Die Rüben gründlich waschen und bürsten. Die Wurzeln dürfen nicht abgeschnitten werden, da die Rüben
sonst ›ausbluten‹. (Sie verlieren beim Kochen nicht nur
ihre rote Farbe, sondern mit dem Saft auch wertvolle
Nährstoffe.) Sie werden im Dampf oder im Backofen
gegart. Die Schale abziehen, die Knolle in feine Scheiben schneiden und mit den angegebenen Zutaten vermischen. Sehr gut schmeckt zu diesem Salat eine Senfsahnesoße.

Rübenmus

*1 Steckrübe, 3 Wurzeln, 1 Pfund Kartoffeln, ½ Liter Milch,
2 Eßlöffel Butter, ¾ Pfund Speck, ½ Pfund Zwiebeln, Salz*
Steckrübe, Wurzeln und Kartoffeln schälen, würfeln
und getrennt gar kochen. Abgießen, die Gemüse zusammenschütten und die Milch dazugeben. Gut zerstampfen, Butter unterrühren und mit Salz abschmecken. Den
Speck fein würfeln, in der Pfanne auslassen und zusammen mit den gehackten Zwiebeln glasig schmoren.
Anschließend über das Rübenmus geben. Dazu ißt man
Kochwurst.

Sauerkrautsuppe

*2 Pfund fettes Schweinefleisch, 2 Pfund Sauerkraut,
¼ Liter süße Sahne, 1 Lorbeerblatt, Pfefferkörner, 1 Prise
Salz, Salzkartoffeln, etwas Mehl*
Das Schweinefleisch in 2½ Liter Wasser kochen. Das
Wasser vorher leicht salzen und ein Lorbeerblatt sowie
einige Pfefferkörner dazutun. Ist das Fleisch fast weich,

das Sauerkraut dazugeben, so daß eine dicke Suppe entsteht. Das Fleisch darin weich kochen, herausnehmen und in Würfel schneiden. Die Suppe mit der Sahne und etwas Mehl leicht andicken. Das Fleisch nimmt sich jeder portionsweise zur Suppe. Dazu gibt es Salzkartoffeln, die zur Suppe in den Teller gelegt werden.

Schnüsch

1 Pfund junge Erbsen, ½ Pfund Möhren, ½ Pfund grüne
Bohnen, ½ Pfund neue Kartoffeln, ¾ Liter Milch, Salz,
2 Eßlöffel Butter, Petersilie, Zucker
Kartoffeln aufsetzen, garen, pellen und in Scheiben schneiden. Die Gemüse getrennt in Salzwasser garen. Alle Gemüse zusammenschütten, die Milch aufkochen und ebenfalls dazugeben. Mit einem Stück Butter verfeinern und mit reichlich frisch gehackter Petersilie bestreuen. Dazu ißt man rohen Schinken.

»Dies ist ein Gericht aus der Zeit, in der ich mein Haushaltsjahr in Angeln verbrachte. Es ist ein ausgesprochenes Sommergericht mit nur frischen Gemüsen. Einige Leute sagen auch ›Schnusch‹ dazu. Bei uns heißt es: ›Quer dör'n Gorn‹.«

Steckrübeneintopf

2 Pfund Steckrüben, ¾ Liter Wasser, 1½ Pfund Schweine-
rippchen, 1½ Pfund Kartoffeln, Salz, 1 Prise Muskat,
5 Eßlöffel Sahne
Die Rippchen mit kochendem Wasser aufsetzen und langsam garen (etwa 1 Stunde). Die Gewürze und die in Würfel geschnittenen·Steckrüben dazugeben und das Ganze noch 1 weitere Stunde kochen lassen. Die Kartoffeln zur selben Zeit getrennt davon gar kochen, abgießen und zum Gemüse geben. Alles gut durchstampfen und die Sahne darübergeben. Das Fleisch wird im Eintopf serviert. (Schmeckt auch gut mit Hammelfleisch.)

Süßsaure Linsensuppe (Tante Lene)

1 Pfund Linsen, 1 Pfund Suppengemüse (Wurzeln, Porree, Sellerie, 1 Petersilienwurzel), ½ Pfund Kartoffeln, 3 Zwiebeln, 1 Pfund entsteinte Backpflaumen, ½ Pfund roher Schinken, ½ Pfund durchwachsener Speck, 4 Kochwürste, Essig, Zucker, Salz, Pfeffer

Die Linsen waschen und am Abend vorher in etwa 3 Liter Wasser einweichen. Am nächsten Tag mit dem Einweichwasser, dem kleingeschnittenen Gemüse und den gewürfelten Kartoffeln zum Kochen bringen und 1 bis 1½ Stunden köcheln lassen. Die eingeweichten Backpflaumen und den gewürfelten Schinken dazugeben. Nach ½ Stunde die Kohlwürste etwa 10 Minuten in der Suppe ziehen lassen. Den Speck und die Zwiebeln würfeln, in der Pfanne goldbraun braten und zur Suppe geben. Mit Essig und Zucker süßsauer abschmecken und mit Salz und Pfeffer würzen.

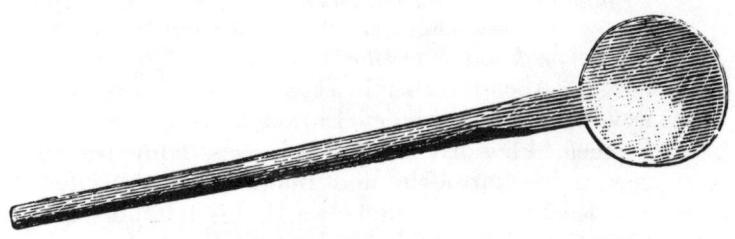

Suppe von jungen Erbsen

¾ Pfund junge Erbsen, ½ Pfund junge Wurzeln, 2 Liter Wasser, 50 Gramm Butter, 80 Gramm Mehl, Salz, Zucker, gehackte Petersilie, Grießklöße

Das geputzte Gemüse in kochendes Wasser geben, eine Prise Salz und Zucker dazugeben und gar kochen. Aus Butter und Mehl eine Einbrenne machen und mit der heißen Flüssigkeit auffüllen. In die Suppe Grießklöße und reichlich gehackte Petersilie geben. Dazu ißt man Salzkartoffeln und Schinken.

Warmer Kartoffelsalat

2 Pfund Pellkartoffeln, 50 Gramm geräucherter Speck,
3 gestrichene Eßlöffel Mehl, 1 Zwiebel, ¼ Liter Brühe,
⅛ Liter Milch, 2 bis 3 Eßlöffel Essig, 1 Teelöffel Salz, etwas
Senf, 1 Prise Pfeffer, Schnittlauch oder Petersilie

Die Speckwürfel leicht anbräunen. Mehl und die kleingeschnittene Zwiebel hinzugeben und langsam mit Brühe und Milch auffüllen. Mit Essig, Salz, Pfeffer und Senf
abschmecken. Die in Scheiben geschnittenen Pellkartoffeln hineingeben, ziehen lassen und warm servieren.
Schnittlauch oder Petersilie darüberstreuen.

Weiße Bohnensuppe

1 Pfund weiße Bohnen, 1 Pfund Suppengemüse, 1 Zwiebel,
1 Pfund Pökelfleisch vom Schwein, ½ Pfund magerer Räu-
cherspeck, Speckschwarten, ½ Pfund Kartoffeln, Salz, Pfef-
fer, Bohnenkraut, Petersilie

Die am Abend vorher in etwa 3 Liter Wasser eingeweichten Bohnen mit dem Einweichwasser zum Kochen
bringen. Fleisch, kleingeschnittenes Suppengemüse,
gewürfelte Kartoffeln und Bohnenkraut hinzufügen,
zum Kochen bringen und etwa 1½ bis 2 Stunden garen.
Fleisch und Bohnenkraut herausnehmen. Die Suppe
mit Salz und Pfeffer abschmecken. Den Speck mit der
kleingeschnittenen Zwiebel in der Pfanne auslassen und
knusprig braten, in die Suppe geben und zum Schluß
mit frisch gehackter Petersilie überstreuen. Das Fleisch
kleinschneiden und getrennt servieren.

»Wenn vorrätig, tue ich auch sehr gern geräucherte Mettwurst-
scheiben oder -enden an die Suppe. Sie geben dem Ganzen einen
besonders herzhaften Geschmack.«

Mehl- und Eierspeisen

Aamskater
Arme Ritter
Birnen im Teig
Brie un Melk
Brotauflauf
Brotpfannkuchen
Buchweizenpfannkuchen
Bunter Mehlbeutel
Eierkuchen
Festlicher Dithmarscher Mehlbeutel
Förtchen
Grießauflauf
Hafergrütze
Nudelauflauf
Reisauflauf
Speckpfannkuchen
Verlorene Eier

Großer Hans

Ein ländlicher Speiseplan wäre nur halb soviel wert,
wenn nicht hin und wieder mal der Mehlbeutel (ein
ganz spezieller Mehlkloß), auch ›Großer Hans‹ genannt,
draufstünde. Mehlbeutel gibt es in vielen Variationen:
bunten, schwarzen, einfachen und festlichen. In ›einfacher Ausfertigung‹ gab es ihn schon mal mitten in der
Woche, der bunte oder festliche Mehlbeutel (mit Sahne
und Rosinen) wurde zu besonderen Gelegenheiten wie
Erntedankfest, bei Hochzeiten oder zu Weihnachten
aufgetischt. Und wie bei allen traditionellen Gerichten
der Landküche erzählt man sich auch über den Mehlbeutel kleine Geschichten. So zum Beispiel jene, die sich
in Süderhastedt zugetragen haben soll:

*Eine Dorfbewohnerin, die sich für besonders kochbegabt hielt
und von der man sich erzählte, daß sie auch schon einen engli-
schen Herd habe (Kohleofen statt offenem Feuer), machte sich
daran, Mehlbeutel zuzubereiten. Entgegen jeglicher Tradition —
sie wollte sicherlich mal etwas ›Neumodsches‹ ausprobieren —
gab sie eine Handvoll Puddingpulver in den wunderbaren Mehl-
beutelteig. Und das Ding wurde, wie gar nicht üblich, prall und
steinhart. Mit den Schweinebacken tat sie das Ganze in den Ofen.
Als er gar war, konnte sie den Mehlbeutel nur mit Mühe aus dem
Ofen herauszerren. Weil er aber so heiß war, fiel er ihr aus der
Hand und sprang wie ein Gummiball durch die offene Tür den
Kirchsteig runter, wo grad die Kirchgänger zur Vier-Uhr-Messe
gingen. Wie der Zufall es wollte, kam in diesem Moment auch
›Mattendecker‹ mit seiner Dachdeckernadel vorbei. Er im Sause-
schritt hinterher, den Mehlbeutel aufgespießt und damit nach
Hause gelaufen. Ja, und weg war der Mehlbeutel. — Am nächsten
Tag soll ›Mattendecker‹ etwas blaß um die Nase ausgesehen
haben . . .*

Mehlbüdel-Lied

Dar but'n in de Masch, dar steiht en Hus
he, ha, ho, dat weer en gans verdeuwelt Hus,
fidl de fidl du, fidl — dal — la la, da!

Söben Deerns, de weeren dar, de harrn in de Hast
de Mehlbüdel gar.

De Mehlbüdel dee dat ni alleen, de Schinken, de müß
dar ok bi we'en.

De Preester, de transcher de Schink, un dat güng gans
dree Deuwels flink.

De Köster, de keem ok un sug, dat em de Knöp vun de
Steertrock sprung'n.

De Burn, de deden lang nich rech, de leet'n de Knech'n
wull sitt'n vör de Zech.

De Knech'n, de müssen de Zech betahln, un de Deerns
harrn't Mehl to den Mehlbüdel stahln.

Un de Moral vun de Geschich, tru keener doch de Buern
nich!

Aamskater

*1 Pfund Mehl, ¼ Pfund Zucker, 1 Prise Salz, ¼ Liter Milch,
1 Würfel Hefe, 2 Eier, 4 Eßlöffel Butter, ½ Pfund geräucherter Schweinebauch*

Hefe in etwas Zucker auflösen. Mehl mit Salz und dem
restlichen Zucker vermengen, die Eier mit der Milch
verquirlen. Butter, Eiermilch und Hefe zum Mehl geben
und gut durchkneten. Zum Aufgehen ca. 20 Minuten an
einen warmen Ort stellen. Inzwischen die Auflaufform
mit dem in dünne Scheiben geschnittenen Schweine-

bauch auslegen. Den Teig nochmals durchkneten, in die Form geben und mit Schweinebauchscheiben belegen. Nochmals 10 Minuten gehen lassen. Bei mittlerer Hitze ca. 60 bis 70 Minuten backen. Dazu ißt man eine Saft- oder Siruptunke.

Arme Ritter (Gesche)

Pro Person 2 Scheiben Weißbrot, ½ Tasse Milch, 1 Ei,
1 Eßlöffel geriebene Semmeln, Bratfett (Butter), Zucker und
Zimt zum Bestreuen
Die Weißbrotscheiben in der Milch einweichen und zwischen zwei Holzbrettchen ausdrücken. In dem ver- quirlten Ei wenden und mit geriebenen Semmeln bestreuen. In der Pfanne in Butter von beiden Seiten braun braten. Mit Zucker und Zimt bestreuen. Dazu ißt man Kompott oder Fruchttunke.

Birnen im Teig (Grete)

3 Pfund Kochbirnen, 6 Eier, ½ Liter Milch, 1 Pfund Wei-
zenmehl, 1 Prise Salz, 1 Pfund durchwachsener Speck,
etwas Stärkemehl, 1 Eßlöffel Butter
Birnen schälen, vierteln und in etwas Wasser weich kochen. Die Eier mit der Milch verquirlen. Mehl und Salz dazugeben und daraus einen Teig rühren. Den Saft der Birnen abgießen und mit Stärkemehl leicht andik- ken. In eine gefettete Auflaufform einige Scheiben von dem Speck legen. Einen Teil der Birnen darüberschich- ten (mit etwas Saft) und den Teig darübergeben. Zum Schluß wird der Teig mit dünnen Speckscheiben belegt. Dazu ißt man die Safttunke und die restlichen Birnen. Die Garzeit beträgt etwa 1½ Stunden bei guter Hitze (ca. 200 Grad). Garprobe mit Stricknadel.

Brie un Melk

½ Pfund Buchweizengrütze, 2 Liter Buttermilch, Salz
Die Grütze wird gründlich gewaschen und in ¼ Liter
kaltem Wasser eingeweicht. Ist sie gut geweicht, bringt
man sie mit der Buttermilch zum Kochen. Zugedeckt
läßt man sie noch 1 Stunde weiterköcheln. Beim
Anrichten gibt man das Salz daran. Mit süßer Milch servieren.

*»Vater sagte immer: ›De schall noch mol en Denkmol hebben, de
den Klotzenbrie erfunnen hätt.‹ Die Buchweizengrütze war sozusagen unser Nationalgericht. Der Tag fing mit Grütze an und
hörte auch mit Grütze auf. Sie wurde abends frisch gekocht und
heiß gegessen mit kalter Milch. Am nächsten Morgen gab es dann
kalte Grütze mit heißer Milch. Wer wollte, konnte dazu auch
ein Stück Schmalzbrot haben, oder es gab hinterher noch Bratkartoffeln.«*

Brotauflauf

*1 Pfund Brotreste, ½ Liter Milch, 4 Eßlöffel Butter, 3 ge-
häufte Eßlöffel Zucker, 2 Eier, geriebene Zitronenschale,
Rosinen, Korinthen, Mandeln (nach Geschmack) und Zimt,
Butter zum Ausfetten der Form und für die Flöckchen*
Brot in Milch einweichen und durchpassieren. Aus Butter, Zucker, Eigelb, geriebener Zitronenschale, Rosinen,
Korinthen und Mandeln einen Rührteig herstellen und
mit Brot und Milch vermengen. Eiweiß schlagen und
unterziehen. In eine gefettete Form geben und mit Zukker und Zimt bestreuen. Butterflöckchen obendrauf setzen. Bei mittlerer Hitze etwa 40 Minuten backen. Dazu
reicht man eine Frucht- oder Weinschaumtunke.

Brotpfannkuchen

*1 Pfund altes Weißbrot, Milch, 5 Eier, Korinthen, etwas
Salz, 1 bis 2 Eßlöffel Mehl, Rum oder Franzbranntwein,
Fett zum Backen*

Das Brot in Würfel schneiden und so viel heiße Milch
darübergießen, bis es eben bedeckt ist. Nach dem
Abkühlen alles glattrühren. Dann das Mehl sowie die
Eier, Korinthen und Salz nach Geschmack hinzugeben.
Man kann auch 1 Eßlöffel Rum oder Franzbranntwein
an den Teig geben. Den Teig mit der Kelle in die heiße
Pfanne geben und die Pfannkuchen von beiden Seiten
knusprig braun backen. Dazu schmeckt gut Sirup, Zukker oder Apfelmus.

Buchweizenpfannkuchen

*1 Pfund Buchweizenmehl, ¾ Liter Milch, 4 Eier, Salz,
½ Pfund durchwachsener Speck, Fett zum Ausbraten*

Buchweizenmehl, Eier, Salz und Milch zu einem Teig
verrühren und quellen lassen (4 bis 5 Stunden). Den
Speck in dünne Scheiben schneiden und in der Pfanne
ausbraten. Darauf mit einer kleinen Kelle den Teig
geben und die Pfannkuchen von beiden Seiten braun
braten. Dazu ißt man Sirup.

Bunter Mehlbeutel oder Großer Hans

*1 Pfund Mehl, 4 Eier, ¾ Liter Milch, 1 Teelöffel Salz,
½ Pfund Rosinen und Korinthen, 4 Eßlöffel geschmolzene
Butter*

Eier mit Salz und Milch verquirlen. Die geschmolzene
Butter unterziehen. Das Mehl dazugeben und glattrühren. Die Rosinen untermengen und das Ganze in ein
angefeuchtetes, mit Mehl ausgestäubtes Tuch geben
(Nesseltuch oder Serviette). Am besten gibt man das

Tuch in eine Schüssel, füllt den Teig hinein, nimmt alle vier Zipfel zusammen und bindet sie eine Handbreit über dem Teig zusammen. Den Beutel in einen großen Topf mit kochendem Wasser geben und 1½ Stunden kochen lassen. Zum Anrichten wird der gare Mehlbeutel aus dem Tuch genommen und auf einen Teller gestürzt. Mit Safttunke servieren.

»Beim einfachen Mehlbeutel — auch weißer Mehlbeutel genannt — läßt man die Rosinen und Korinthen weg. Der schwarze Mehlbeutel wird mit Schweineblut statt mit Milch zubereitet. Dazu ißt man eine Siruptunke, die aus Sahne und hellem Sirup gekocht wird.«

Eierkuchen

½ Pfund Mehl, 3 Eier, 1 Teelöffel Salz, ¼ Liter Milch, ¼ Liter Wasser, 4 Eßlöffel Butter

Das Mehl in eine Schüssel sieben, in der Mitte eine Vertiefung machen und das mit Salz und etwas Milch verquirlte Eigelb hineingeben. Von der Mitte aus Mehl und Eigelb verrühren und darauf achten, daß sich keine Klümpchen bilden. Zuletzt vorsichtig den Eischnee unterziehen. In einer Stielpfanne etwas Fett erhitzen, eine dünne Teiglage hineingeben und sie von beiden Seiten dunkelgelb backen.

39

»Auf einem vorgewärmten flachen Teller legt man die Pfannku-
chen übereinander und bestreut sie jedesmal mit feinem Zucker.
Der Pfannkuchenstapel kam dann so auf den Tisch, und jeder
hat sich ein ›Tortenstück‹ daraus geschnitten. Dazu aßen wir
Kompott.«

Festlicher Dithmarscher Mehlbeutel
(Frau Voss)

12 Eier, 2 Pfund Mehl, 1¼ Liter Milch, ¼ Liter Sahne,
1 Prise Muskat, 1 Prise Zucker, geriebene Schale von
1 Zitrone
Eigelb schlagen und nach und nach alle Zutaten dazugeben. Zum Schluß das steifgeschlagene Eiweiß darunterrühren. Den Teig wie beim Bunten Mehlbeutel in ein
Tuch geben und 1½ Stunden langsam kochen lassen.
Dazu ißt man Kirschtunke und durchwachsenen
Bauchspeck.

»Die Beilagen zum Mehlbeutel sind sehr unterschiedlich. Manche
mögen's herzhaft, manche zuckersüß, andere wollen beides. Wir
essen auch gern mal geschmolzene Butter und Zucker oder eine
gute Weinschaumtunke dazu.«

»Ohle Johr, nie Johr,
Mudder sünd die Förten gor?
Sünd se noch nie gor,
töf wie noch een Johr!«

Diesen und ähnliche Verse sangen die Kinder am Altjahrsabend,
wenn sie verkleidet von Haus zu Haus zogen mit ihrem Rummel-
pott. Den Rummelpott hatten sie sich selbst gebastelt aus einer
getrockneten Schweinsblase, einer Dose und einem Stock. Die

typisch krächzenden Geräusche, die sie damit machten, unter-
malten ihre lauten Gesänge. Zur Belohnung gab es Äpfel, Pfeffer-
nüsse und braune Kuchen. Zeigte sich ein Hausbewohner geizig,
so mußte er sich Spottgesänge gefallen lassen. Ihre Beute trugen
die Kinder in großen geknoteten Tüchern oder Taschen stolz
nach Hause.

Förtchen, Bratbälle — auch Förten oder Futtjen genannt

300 Gramm Mehl, ¼ Pfund Rosinen, 1 Prise Salz,
25 Gramm Hefe, Zucker, ½ Liter Milch, 5 Eier, geriebene
Zitronenschale, 1 Prise Kardamom, Butter oder Schmalz
zum Auslassen
Rosinen waschen und trocknen lassen. Die Eier mit
der leicht erwärmten Milch verquirlen. Zitronenschale,
Salz, Kardamom und Mehl dazugeben. Die in etwas
Zucker aufgelöste Hefe gut unterrühren. Den Teig so
lange schlagen, bis er Blasen wirft. An einen warmen Ort
zum Aufgehen stellen (ca. 1½ Stunden). In die erwärmte
Förtchenpfanne (eine spezielle Pfanne mit vielen kleinen Ausbuchtungen) gießt man ein wenig flüssiges Fett,
läßt es heiß werden und füllt dann jede Vertiefung halb-
voll mit Teig. In die Teigmitte einige Rosinen geben. Von
allen Seiten schön gebräunt, läßt man die Förtchen gar
backen (zwischendurch wenden, am besten mit zwei
Gabeln, Garprobe mit einem Holzstäbchen). Im Zucker-
teller wenden.

»*Jedes Jahr zu Silvester gab es bei uns Förtchen. Unsere Mutter*
hatte meist so um die 15 Leute zu bekochen, und da war es keine
Seltenheit, wenn sie an die 200 Bratbälle zubereiten mußte.
Besonders die jungen Leute brachten immer großen Appetit mit,
und dann kam es schon vor, daß eine Person bis zu 20 Förtchen
verputzte. Die ersten Kostproben gingen direkt am Herd weg. Es
wurde zu gern mal einer stibitzt und in den Zuckertopf gedippt.

Die schmeckten am allerbesten! Zum Förtchenbacken nahm Mutter immer die Beestmilch. Das ist die erste Milch nach dem Kalben, sie ist besonders eiweißreich, macht den Teig schön locker, und man sparte somit auch Eier.«

Grießauflauf

½ Liter Milch, 1 Prise Salz, ¼ Pfund Grieß, 2 Eßlöffel Butter, 4 Eßlöffel Zucker, 3 Eier, Saft von 1 Zitrone, 1 Teelöffel Backpulver, 2 Eßlöffel Semmelmehl, Butter zum Ausfetten der Form und für die Flöckchen

Milch und Salz zum Kochen bringen, Grieß einstreuen und quellen lassen. Butter, Zucker und Eigelb schaumig rühren, Zitronensaft, Backpulver und nach und nach den abgekühlten Grießbrei dazugeben. Zuletzt den steifgeschlagenen Eischnee unterziehen. Die Masse in eine gut gefettete Auflaufform füllen, mit Semmelmehl bestreuen, mit Butterflöckchen belegen und bei Mittelhitze etwa 45 Minuten backen. Schmeckt gut mit Fruchttunke oder gedünstetem Obst.

Hafergrütze

¼ Pfund Hafergrütze, 1 Liter Milch, 1 Teelöffel Salz, 1 Eßlöffel Butter

Die Grütze einige Stunden vorher mit etwas Wasser einweichen, in kochende Milch geben und gar kochen. Vor dem Anrichten mit Salz abschmecken und die Butter hineinrühren.

»Auch Hafergrütze gab es früher oft zum Frühstück oder Abendbrot: mit Milch, Fruchttunke, Kompott oder mit einem Schuß gute Sahne.«

Nudelauflauf

1 Liter Milch, ½ Pfund Nudeln, 1 Eßlöffel Butter, 5 Eier, etwas Zucker, Zimt und Salz
Die Milch aufkochen, Butter und Nudeln hineingeben und 20 Minuten leicht kochen. Abkühlen lassen. Eier und Gewürze unterrühren, in eine gefettete Auflaufform geben. Bei mittlerer Hitze gut 1½ Stunden backen. Wer's süß mag, ißt dazu eine Fruchttunke; wer Herzhaftes vorzieht, nimmt Tomatentunke.

Reisauflauf (Karoline)

½ Liter Milch, ¼ Pfund Milchreis, 1 Prise Salz, 2 Eßlöffel Butter, 2 Eßlöffel Zucker, 4 Eier, 3 Eßlöffel Semmelmehl, ¼ Flasche Zitronenöl, 1 Teelöffel Backpulver, Butter für die Form zum Ausfetten und für die Butterflöckchen
Milch und Salz zum Kochen bringen. Den Reis einstreuen, quellen und abkühlen lassen. Butter, Eigelb und Zucker schaumig rühren. Das Backpulver und Zitronenöl dazugeben und mitschlagen. Nach und nach den abgekühlten Reis unterrühren. Zum Schluß das geschlagene Eiweiß unterziehen. Die Masse in eine gut gefettete Auflaufform geben, mit Semmelmehl bestreuen und Butterflöckchen draufsetzen. Bei mäßiger Hitze (ca. 175 Grad) etwa eine Dreiviertelstunde backen. Dazu reicht man Fruchttunke oder frisch gezuckerte Früchte.

Speckpfannkuchen

½ Pfund Mehl, ½ Liter Milch, 3 Eier, 1 Teelöffel Backpulver, Salz, ½ Pfund durchwachsener oder Schinkenspeck, Fett zum Braten

Eigelb mit der Milch verquirlen. Mehl und Backpulver langsam dazugeben und einen glatten Teig rühren. Salzen und das steifgeschlagene Eiweiß unterziehen. Fett in der Pfanne auslassen und dünne Speckscheiben darin glasig braten. Mit Teig auffüllen, etwa eine Schöpfkelle voll. Die Pfannkuchen wenden, sobald die Speckseite goldgelb ist.

»Pannkoken war für uns immer ein typisches Samstagsgericht. Zum einen, weil es schnell ging — denn der Samstag war der Tag des großen Stuben-Putzens —, zum anderen, weil es auch ein Reste-Essen war. Vieles, was an Resten aus der Woche vorhanden war, wurde zu Pfannkuchen verarbeitet. Mal waren es Brotreste, mal Kartoffeln. Über Speckreste freuten wir uns am meisten, denn ›Speckpannkoken‹ waren besonders begehrt.«

Verlorene Eier

1 Liter Wasser, 1 gestrichener Eßlöffel Salz, 2 Eßlöffel Essig, 6 Eier

Das Wasser mit Salz und Essig zum Kochen bringen. Die Eier einzeln in eine Kelle schlagen und vorsichtig in das kochende Wasser gleiten lassen. Man kann nicht mehr als die oben angegebene Menge auf einmal kochen. Die Eier mit einem Schaumlöffel herausnehmen, einen Augenblick in kaltes Wasser halten und das Eiweiß ringsherum zu hübscher Form schneiden. Verlorene Eier schmecken gut mit Senftunke oder als Einlage in Suppen (Kochzeit 3 bis 4 Minuten).

Klöße

Annas Apfelklöße
Feine Kartoffelklöße
Grießklöße
Grünkernklöße
Hefeklöße
Mehlklüten
Schwemmklößchen
Weißbrotklöße

Oma Petersens ›goldene Kloß-Regeln‹

»Ein Kloßteig muß immer kräftig durchgearbeitet werden, damit er beim Kochen nicht auseinanderfällt. Um festzustellen, ob die Teigmasse fest genug ist, sollte man erst einmal einen Probekloß kochen. Will man die Klöße abstechen, muß der Löffel vorher in das Kloßwasser getaucht werden. Läßt sich der Teig formen, macht man auf dem bemehlten Tisch eine Rolle, schneidet sie in gleichmäßige Scheiben und formt sie mit mehlbestäubten Händen zu Klößen. Bis zum Kochen immer auf bemehlte Teller oder Bretter legen. Man gibt nur so viele Klöße in den Topf, wie gut nebeneinander Platz haben, da sie noch aufquellen. Klöße sollen mehr ziehen als kochen. Sie werden im offenen Topf gegart, weil der Dampf sie sonst auseinanderreißen würde (mit Ausnahme von Hefeklößen). Um zu prüfen, ob der Kloß gar ist, teilt man ihn mit zwei Gabeln auseinander. Er muß innen trocken und locker sein. Man nimmt die Klöße mit dem Schaumlöffel aus dem Wasser und läßt sie gut abtropfen.«

Annas Apfelklöße

50 Gramm Butter, 2 Eier, 3 Eßlöffel Milch, 2 eingeweichte Semmeln, ½ Pfund Mehl, 1 Pfund säuerliche Äpfel, Salz, 30 Gramm Butter, Zucker und Zimt zum Bestreuen
Aus Butter, Eiern, Milch, den eingeweichten Semmeln, Salz und Mehl einen Teig herstellen. Die geschälten, in sehr kleine Stücke geschnittenen Äpfel darunterrühren. Mit dem Eßlöffel Klöße abstechen, die man in kochendes, schwach gesalzenes Wasser legt und etwa ¼ Stunde garen läßt. Sie werden mit zerlassener brauner Butter übergossen und mit Zucker und Zimt bestreut.

Feine Kartoffelklöße

¼ Pfund Butter, 6 Eier, 1 Eßlöffel Zucker, etwas geriebene Zitronenschale, 3 Eßlöffel Semmelmehl, 1½ Pfund geriebene Kartoffeln, etwas Mehl

Die Butter cremig rühren, die Eier, den Zucker, die geriebene Zitronenschale, das Semmelmehl und die am Vortag gekochten und geriebenen Kartoffeln dazugeben. Aus dem gut vermengten Teig formt man mit etwas Mehl Klöße in beliebiger Größe, die im Salzwasser abgekocht werden. Man kann sie auch in verquirltem Ei wälzen, mit Semmelmehl bestreuen und in Butter auf beiden Seiten goldbraun braten. Dazu ißt man Safttunke oder Backobst.

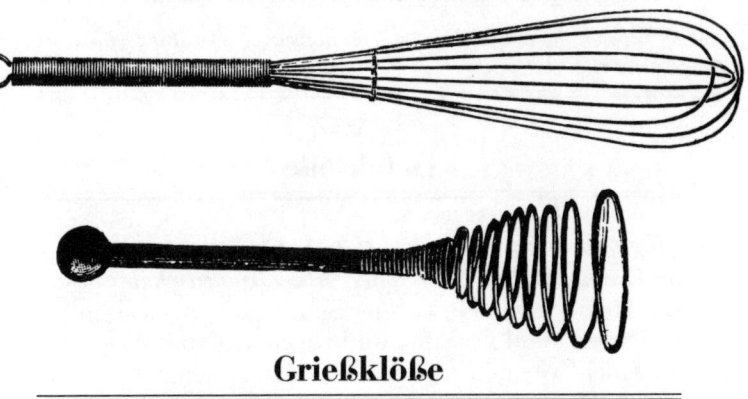

Grießklöße

½ Pfund Grieß, ¾ Liter Milch, 2 Eier, 30 Gramm Butter, 1 Teelöffel Salz
Die Milch wird mit der Butter und dem Salz zum Kochen gebracht. Der Grieß wird langsam unter Rühren eingestreut und zu einem festen Kloß abgebrannt. Man rührt ein Ei hinein, nach dem Abkühlen das zweite. Wenn die Masse erkaltet ist, formt man sie zu Klößen und kocht sie in schwach gesalzenem Wasser gar.

»Grießklöße schmecken auch sehr gut, wenn man sie mit gerösteem Semmelmehl bestreut und dann zu Kompott ißt.«

Grünkernklöße (Frau Johannsen)

1 Liter Brühe, ½ Pfund Grünkerngrütze, 3 Eier, 40 Gramm Butter, 2 Semmeln, 1 kleine Zwiebel, Petersilie, Salz
Den Grünkern läßt man in der Brühe zu einem dicken Brei aufquellen und vermischt ihn dann mit den Eiern. Die in Würfel geschnittenen Semmeln, die feingehackte Zwiebel und Petersilie in der Pfanne in Butter rösten. Zum Teig geben und abschmecken. Mit dem Löffel Klöße abstechen und in kochendes Salzwasser legen.

»Wir essen die Klöße gern in Tomatensuppe oder mit zerlassener Butter zu Salat.«

Hefeklöße

1½ Pfund Mehl, 30 Gramm Hefe, ¼ Liter Sahne, 2 Eier, 50 Gramm Butter, 1 Teelöffel Salz, Zitronenschale
Die Hefe wird in lauwarmer Sahne gut aufgelöst, mit 5 Eßlöffeln Mehl verrührt und zugedeckt zum Aufgehen an einen warmen Ort gestellt. Dann mengt man das übrige Mehl, die zerlassene Butter, Eier, Salz und Zitronenschale unter und schlägt den Teig, bis er Blasen wirft. Man läßt ihn 1 Stunde zum Aufgehen stehen und formt daraus Klöße, die auf einem bemehlten Blech nochmals aufgehen müssen, ehe sie in Salzwasser gegart werden (5 bis 10 Minuten).

»Noch besser werden die Hefeklöße, wenn man sie im Dampf gart. Man bindet dazu ein weißes Tuch in einen Topf über kochendes Wasser, legt die Klöße darauf und schließt den Deckel fest. Nach dem Herausnehmen (nach ca. 10 Minuten) werden die Klöße mit zwei Gabeln aufgerissen, damit der Dampf entweichen kann. Man reicht sie, mit brauner Butter übergossen, zu Backobst oder Apfelmus.«

Mehlklüten

½ Pfund Mehl, ¾ Liter Milch, 1 Eßlöffel Butter, 2 Eier, Salz

½ Liter Milch mit der Butter zum Kochen aufsetzen. Die Hälfte des Mehls mit der restlichen Milch verquirlen, in die kochende Milch geben und zu einem Kloß abbacken. Erkalten lassen, die Eier, das letzte Mehl und etwas Salz dazugeben. Mit einem feuchten Eßlöffel Klöße abstechen und in Salzwasser gar kochen.

Schwemmklößchen

50 Gramm Butter, 40 Gramm Mehl, ⅛ Liter Milch, 2 Eier, 1 Prise Muskat, 1 Prise Salz

Milch, Butter, Salz und Muskat läßt man kochen, rührt das Mehl hinein und brennt es zum Kloß ab. Das Eigelb kommt in die heiße Masse, der Eischnee in die leicht abgekühlte. Mit einem nassen Tee- oder Eßlöffel sticht man die Klößchen ab und kocht sie in Salzwasser oder Brühe gar (5 bis 10 Minuten).

Weißbrotklöße

¾ Pfund altes Weißbrot, ¾ Liter Milch, 3 Eßlöffel Butter, 2 Eier, ¾ Pfund Mehl, Salz

Das Weißbrot von der Rinde befreien, reiben, mit Milch übergießen und zum Einweichen hinstellen. Die Butter in einen Topf geben, das gut eingeweichte Brot hinzugeben und alles miteinander abbacken. Abkühlen lassen, Salz, Eier und Mehl hinzugeben und alles gut vermengen. Mit einem feuchten Löffel Klöße abstechen, in schwach gesalzenes Wasser geben und gar ziehen lassen.

»Das waren noch Zeiten, als die Kühe von Hand gemolken werden mußten. Ein guter Melker brauchte für eine Kuh etwa 10 Minuten. Bei rund 25 Tieren ein hartes Stück Arbeit. Morgens waren wir meist zu dritt, abends zu zweit. Jeder hatte seinen eigenen Schemel — in einfacher Ausführung einbeinig — in besserer mit drei Beinen.«

Oma Petersens Festtagsbraten

Deutsches Beefsteak

Falsche Hähnchen

Falscher Hase

Gänseleberpastete

Gänse-Weißsauer

Gefüllte Gans

Gefüllte Kalbsbrust

Gefüllte Schweinerippe

Gebratenes Kalbshirn

Kalbsbrust mit Bier

Leberpudding

Lundener Frikandellen

Saure Rippen

Saures Schweinefleisch mit Mehlklößchen

Schinkenbraten

Stolzer Heinrich

Zungenragout

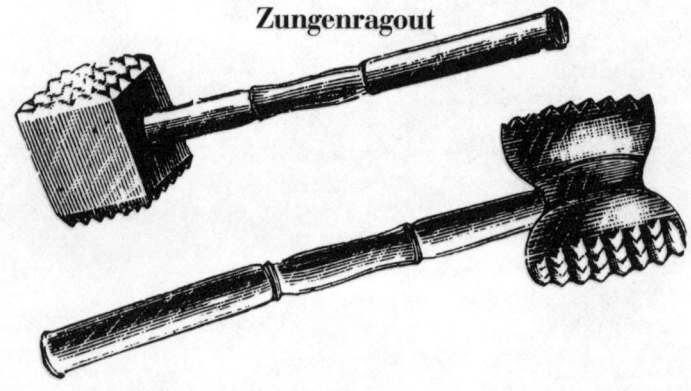

Oma Petersens
allgemeine ›Brattips‹

Das Fleisch vor der Zubereitung nur leicht waschen. Niemals im Wasser liegen lassen, weil es dadurch an Aroma verliert. Dann wird es geklopft. Besonders bei Rinderbraten, Roastbeef, Beefsteaks und Hammelkeule sollte das Klopfen nicht unterlassen werden. Dadurch wird das Fleisch leichter weich und besser verdaulich. Man hüllt es in ein sauberes Tuch, legt es auf ein Küchenbrett und klopft es mit dem Holzhammer ganz energisch von beiden Seiten, bis es mürbe ist.

Fleisch wird leichter und schneller braun, wenn man es nach dem Waschen gut trockenreibt und in sehr heißes Fett gibt.

Voraussetzung für einen saftigen Braten ist stets ein gut abgehangenes Stück Fleisch.

Bratwürste platzen nicht, wenn man sie vor dem Braten 8 Minuten in heißem Wasser ziehen läßt oder sie vorher mit einer Stricknadel einsticht.

Hackbraten setzt nicht an, wenn man ihn auf Scheiben von durchwachsenem Speck legt.

Aspik bekommt man leichter aus der Form, wenn man sie kurz in heißes Wasser hält und es dann auf die Platte stürzt.

Braten- oder andere Fleischreste nur in Porzellan, Steingut oder ähnlichem aufbewahren, niemals in Metall. Die Speisen müssen vollständig ausgekühlt sein, bevor sie zugedeckt werden, sonst säuern sie. Gekochtes Fleisch bleibt saftiger, wenn man es in Fleischbrühe legt. Will man den restlichen Braten als Aufschnitt verwenden, legt man ihn auf ein Holzbrett, stürzt eine große Schüssel darüber, unter die man ein Hölzchen schiebt, damit Luft darankommt, und stellt ihn in den Fliegenschrank. Auf diese Weise nimmt er keinen dumpfen Geruch an, bleibt saftig und ist vor Fliegen geschützt.

Die Schnittfläche eines angeschnittenen Schinkens kann man mit Fett bestreichen, damit sie rot bleibt. Beim Schneiden schabt man es wieder ab.

Pökelzunge hält sich wochenlang frisch, wenn man sie in ein Leinentuch hüllt, das des öfteren mit starkem Salzwasser befeuchtet wird.

Oma Petersens
Festtagsbraten für 24 Personen
Roastbeef

12 Pfund Roastbeef, 4 Eßlöffel Butter, 3 Eßlöffel Rindertalg, ½ Liter Sahne, ¼ Pfund Weizenmehl

Gut abgehangenes Rinderfleisch mit Filet waschen, schnell abtrocknen und tüchtig klopfen. Mit Salz einreiben, in heißes, gebräuntes Fett legen und von allen Seiten anbraten. Viel kochendes Wasser hinzufügen, so daß die Flüssigkeitsmenge 2½ Liter beträgt. Durchschnittlich wird für ein Stück Fleisch bis zu 5 Pfund auf das Pfund 10 Minuten Bratzeit gerechnet, darüber das Pfund 5 Minuten Bratzeit. Ist der Braten gar, wird die Tunke durch ein Haarsieb gegeben, entfettet und mit in Sahne verquirltem Weizenmehl seimig gemacht. Den Braten in Scheiben schneiden und mit Gemüse garnieren.

»Mutter sagte immer: ›Ein einladend gedeckter Tisch mit weißer Decke, blitzblanken Tellern und Gläsern, dazu freundliche und gutgelaunte Gesichter — das ist schon der Anfang einer guten Verdauung!‹«

Noch ein Festtagsbraten
von Oma Petersen für etwa 30 Personen
Kalbskeule

16 bis 18 Pfund Fleisch, ¼ Pfund geräucherter Speck, 4 Eßlöffel Salz, ½ Pfund Butter, Wasser, ½ Liter saure Sahne, Mehl

Die Keule wird gewaschen, abgetrocknet, gehäutet und geklopft. Mit fettem Speck spicken, Salz einreiben, in die Pfanne mit heißem Fett legen und anbräunen. Unter öfterem Begießen ca. 1½ bis 2 Stunden braten. Die Flüssigkeit, mindestens 2½ Liter, mit dem in der Sahne verquirlten Weizenmehl seimig machen und, wenn erforderlich, mit Salz und Liebig's Fleischextrakt abschmecken. Dazu: Gemüseplatte.

Deutsches Beefsteak

1 Pfund Beefsteakhack, 4 geriebene, kalte Pellkartoffeln,
½ Tasse Wasser, Salz, Pfeffer, 4 Zwiebeln, 5 Eßlöffel Butter
Über das Hack die Kartoffeln reiben, Wasser und Gewürze hinzugeben, vermengen und abschmecken. Aus der Masse größere, flache Klöße formen, mit dem Messerrücken gitterartig einkerben und in heißem Fett von beiden Seiten ca. 5 Minuten schön braun braten. Die Zwiebelringe, die man vorher angebräunt hat, brät man noch kurze Zeit mit.

Falsche Hähnchen (Marie)

4 Kalbsschnitzel, ½ Eßlöffel Salz, 2 Messerspitzen Pfeffer,
4 kleine Petersilienzweige, 4 dünne Speckscheiben, 2 Eßlöf-
fel Butter, Wasser, 3 Eßlöffel saure Sahne, 1 Eßlöffel Mehl
Die gewaschenen, abgetrockneten Fleischscheiben innen mit Salz und Pfeffer bestreuen, auf jede Scheibe einen Zweig Petersilie und einen Streifen Speck legen, aufrollen, mit einem Faden befestigen. In heißer, brauner Butter von allen Seiten anbraten. Etwas kochendes Wasser hinzufügen und im geschlossenen Topf ½ Stunde auf geringer Flamme langsam gar schmoren. Mit verquirlter saurer Sahne übergießen. Nach 5 Minuten herausnehmen und die Tunke mit Mehl andicken.

Falscher Hase

1½ Pfund gehacktes Rind- und Schweinefleisch, 1 bis 2 alte Semmeln, 2 Eier, 2 Zwiebeln, Pfeffer, Salz, 1 Eßlöffel Semmelmehl, 50 Gramm fetter Speck, ¼ Pfund durchwachsener Speck, ¼ Liter Brühe, saure Sahne, etwas Mehl zum Andicken

Aus dem Gehackten, den eingeweichten Semmeln, Ei und Gewürzen einen Frikandellenteig herstellen und ihm die Form eines Hasen geben (ovaler Kloß). Mit einem in Wasser getauchten Löffelstiel in der Mitte des Teigs eine Rille ziehen und mit in Streifen geschnittenem fettem Speck spicken. In eine mit durchwachsenen Speckscheiben ausgelegte Fleischpfanne legen, in den Bratofen geben und mehrmals mit der Brühe begießen. Die Bratzeit beträgt etwa 50 bis 60 Minuten bei guter Hitze. Zum Schluß die Tunke mit etwas Mehl andicken und mit saurer Sahne glattrühren. Dazu ißt man Bratkartoffeln und rote Bete.

Gänseleberpastete (Liselotte)

1¼ Pfund Gänseleber, 2 große Gänsekeulen, ¼ Pfund Räucherspeck, 1 mittelgroße Stange Porree (¾ des Grüns entfernen), 1 Scheibe Weißbrot, 3 Eßlöffel Haferflocken, 1 Ei, Majoran, Pfeffer, Salz

Haferflocken mit dem Ei vermischen und quellen lassen. Leber, Keulen, Speck und Porree nacheinander in den Fleischwolf geben, zum Schluß folgt die Scheibe Weißbrot. Die Fleischmasse verrühren und die Haferflocken mit dem Ei untermengen. Die Gewürze dazugeben. Eine Pfanne mit Butter erwärmen und einen Eßlöffel von der Masse langsam anbraten. Nach dem Abkühlen probieren und eventuell nachwürzen. Eine Pastetenform mit dünngeschnittenem, fettem Räucherspeck auslegen und die Fleischmasse hineingeben, so daß die Form dreiviertel gefüllt ist. Bei mäßiger Hitze (ca. 180

Grad) nicht zugedeckt etwa 1 bis 1½ Stunden backen (bis das aufsteigende Fett klar ist). Zum Abkühlen ein Brett auf die Form legen und mit einem schweren Gegenstand beschweren (damit der Fleischkloß in das Fett zurückgeht, auf keinen Fall Fett abgießen!).

Gänse-Weißsauer

Kopf, Hals, Flügel, Beine, Herz und Magen, 12 weiße Pfefferkörner, etwas Salz, 1 Lorbeerblatt, 1 Liter Essig, 1 Liter Wasser
Essig, Wasser und Gewürze zum Kochen bringen, das Fleisch dazugeben und gar kochen. Bevor man das Fleisch in den Sud legt, sollte man die Knochen mehrmals brechen, damit die Leimstoffe besser austreten. Es geliert von selbst. Das Gänsefleisch mit dem Sud in einen Steintopf geben und kühl stellen. Schmeckt sehr gut zu Bratkartoffeln!

Gefüllte Gans (Oma)

1 Gans, Wasser, Salz, 3 Eßlöffel Weizenmehl; Füllung: 1½ Pfund Äpfel, ¼ Pfund Rosinen, ½ Pfund aufgekochte, entsteinte Pflaumen, 4 Eßlöffel Zucker, 4 Eßlöffel geriebenes Weißbrot oder geriebener Zwieback

Die bratfertige Gans waschen, gut abtrocknen und von innen mit Salz ausreiben. Die Füllung hineingeben und gut zunähen. Mit der Brustseite nach unten in die Pfanne legen und mit ½ Liter kochendem Wasser übergießen. In den heißen Bratofen schieben und unter fleißigem Begießen langsam braten, damit das Fett austritt. Nach einer Stunde dreht man sie um und läßt sie braun und knusprig werden. Während des Bratens mit einer Stopfnadel vorsichtig unter die Haut der Keulen einstechen, damit das Fett besser austreten kann. Das Fett abschöpfen und nach Bedarf von der Seite heißes Wasser dazugießen. In der letzten Viertelstunde die Gans nicht mehr begießen. Damit die Haut schön knusprig wird, spritzt man, kurz bevor sie gar ist, noch einmal kaltes Wasser darüber. Ist die Gans fertig (wenn sich die Keulen leicht eindrücken lassen), legt man sie auf einen heißen Teller und gießt alles Fett aus der Pfanne ab. Der Bratensatz wird mit Wasser losgekocht, mit Mehl gebunden, abgeschmeckt und durch ein Sieb gegeben. Die Füllung wird auf einem Extrateller serviert. Als Gemüse wird Rotkohl gereicht.

Gefüllte Kalbsbrust

2 Pfund Kalbsbrust, ½ Pfund Frikandellenteig, ⅛ Liter saure Sahne, 3 Eßlöffel Weizenmehl, Salz, ¼ Pfund Butter, ¼ Liter Brühe

Die Rippen werden sorgfältig herausgelöst, indem man oben einen Schnitt macht, so daß eine Tasche entsteht. Die Kalbsbrust waschen, abtrocknen und gut mit Salz einreiben. Den Frikandellenteig hineingeben und das Ganze zunähen. Darauf achten, daß die Kalbsbrust nicht zu fest gestopft wird. Das Fleisch mit heißer Butter übergießen, anbräunen und mit der Brühe auffüllen. Das Fleisch muß 1 bis 1½ Stunden braten. Ist es gar, herausnehmen, die Tunke durch ein Sieb geben, mit Mehl seimig machen und mit Sahne glattrühren.

Gefüllte Schweinerippe (Mutter)

2 Pfund Schweinerippe, Salz, ¼ Liter Brühe, ⅛ Liter saure Sahne, ¼ Liter Wasser, 1 Zwiebel, etwas Mehl, 4 Äpfel, ½ Pfund getrocknete Pflaumen, 2 Eßlöffel Semmelmehl, 2 Eßlöffel Zucker

Dünne Schweinerippen läßt man sich vom Schlachter vorsichtig quer durchschlagen, so daß sich beide Hälften zusammenlegen lassen. Das Fleisch waschen, mit Salz bestreuen und auf die untere Hälfte Apfelscheiben, gequollene Pflaumen, Semmelmehl, Zucker und Salz geben. Die Rippen aufeinandernähen, mit kochendem Wasser übergießen und in den Bratofen schieben. Ist das Wasser verdampft und bräunt das Fleisch im eigenen Fett, wird es gesalzen, die geschnittene Zwiebel dazugegeben und erneut begossen. Mit Brühe auffüllen. Ist das Fleisch gar, wird die Tunke mit verquirltem Mehl seimig gemacht und mit saurer Sahne glattgerührt. Bratzeit etwa 1½ Stunden. Die Füllung wird erst beim Zerlegen herausgenommen. Dazu ißt man Rotkohl.

Gebratenes Kalbshirn

1 Pfund Kalbshirn, 1 Teelöffel Salz, 2 Messerspitzen Pfeffer, ½ Zitrone, 2 Eßlöffel flüssige Butter, 4 Eßlöffel geriebene Semmel, 3 Eßlöffel Butter zum Braten

Das mehrmals gewaschene Kalbshirn häuten, mit Salz und Pfeffer bestreuen, mit Zitronensaft beträufeln und flüssiger Butter begießen. Dann in geriebene Semmel einhüllen und in der Pfanne in nicht zu heißer Butter auf jeder Seite langsam 5 Minuten braten lassen.

Kalbsbrust mit Bier

1½ Pfund Kalbsbrust mit Knochen, 1 Teelöffel Salz, 2 Messerspitzen Pfeffer, 2 Eßlöffel Butter, ⅛ Liter Wasser, 1 klei-

ne Zwiebel, 1 Zitronenscheibe, ¼ Liter Braunbier, 1 Eßlöffel Mehl

Aus der Kalbsbrust die Knochen herauslösen, das Fleisch mit Salz und Pfeffer einreiben und von allen Seiten braun anbraten. Kochendes Wasser, die Zitronenscheibe und die Zwiebel hinzufügen. Im geschlossenen Topf auf kleiner Flamme eine knappe Stunde schmoren lassen. Das Fleisch herausnehmen, das Bier hinzufügen und im geschlossenen Topf kurz aufkochen lassen. Mit verquirltem Mehl bündig machen.

Leberpudding

1 Pfund Rinderleber, ½ Pfund durchgedrehtes, fettes Schweinefleisch, 2 Brötchen, 1 kleine Zwiebel, ½ Eßlöffel Salz, 2 Messerspitzen Pfeffer, 2 Eier, Semmelmehl

Die gehäutete, kleingeschnittene Leber zusammen mit den eingeweichten, ausgedrückten Brötchen durch den Fleischwolf geben. Das durchgedrehte Schweinefleisch, die kleingeschnittene Zwiebel, Salz, Pfeffer und die verquirlten Eier hinzufügen. Die Masse in eine gut ausgefettete, mit Semmelmehl ausgestreute Puddingform geben und fest verschließen. Die Form darf nur dreiviertelvoll gefüllt sein. Im hohen Topf Wasser zum Kochen bringen, die Puddingform hineinstellen und darauf achten, daß das Wasser 5 Zentimeter unter den Rand der Puddingform reicht. Das Wasser aufkochen lassen und dann 1 bis 1¼ Stunden auf schwacher Flamme köcheln lassen. Heiß stürzen und dazu eine Tomatentunke reichen.

Lundener Frikandellen (Ella Orth)

1 Pfund feines, frisches Hackfleisch, 1 Pfund geriebene Pellkartoffeln, 2 Eier, 1 Zwiebel, in Butter gedünstet, 1 Teelöffel Salz, 1 halber Teelöffel Muskatnuß, Butter zum Braten

Alle Zutaten gut miteinander vermengen. Aus dem Teig Frikandellen formen und diese in Butter von beiden Seiten knusprig braun braten.

»Zum Braten nahmen wir entweder gute Butter oder unser ›Schlacht-Fett‹. Das ist ein Gemisch aus Schmalz und Rindertalg, das wir immer griffbereit im Fett-Topf auf der Kellertreppe stehen hatten. In extrem kalten Wintern war das Fett sehr hart, und wir Kinder hatten oft Mühe, den Löffel aus dem Fett-Topf herauszubekommen.«

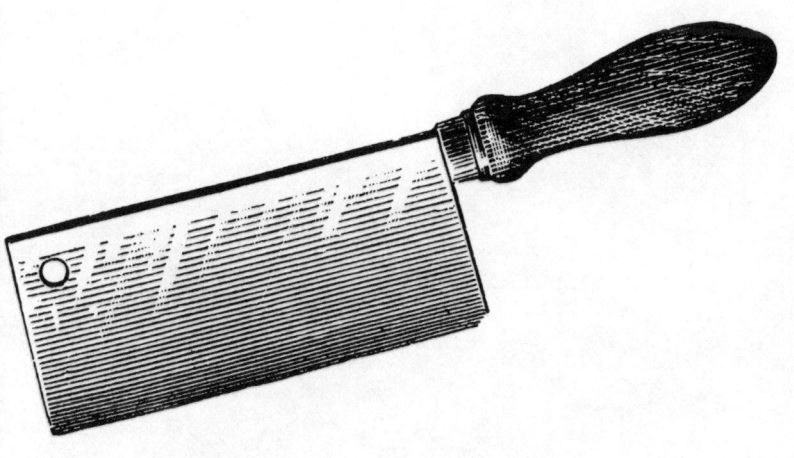

Saure Rippen

Schweinerippen, Pfoten, Wasser, Essig, Salz, Zwiebeln, Lorbeer, Zucker, Pfefferkörner
Rippen in Portionsstücke schneiden und mit den Pfoten und Gewürzen knapp mit Wasser bedeckt zum Kochen bringen. Die Flüssigkeit muß scharf abgeschmeckt werden, damit das Fleisch die Würze in sich aufnimmt. Wenn die Rippen gar sind, legt man sie in einen Steintopf und gibt die Flüssigkeit darüber. Erkalten und erstarren lassen.

»Zu einem richtigen Bauernhof gehörte auch das Federvieh. Die Hühner, Enten, Gänse und Puten liefen frei auf dem Hof und der angrenzenden Koppel herum. Meist waren es so an die 60 Stück. Zu Weihnachten wurden dann die fettesten Tiere geschlachtet.«

Saures Schweinefleisch mit Mehlklößchen (Martha)

1 Pfund Schweinekamm (Nacken), 2 Eßlöffel Butter, 1 Tee-löffel Salz, 1 Prise Pfeffer, ½ Liter Wasser, ½ Zwiebel, 3 Eßlöffel Essig; Mehlklöße: 30 Gramm Speck, ⅜ Liter Wasser, 200 Gramm Mehl, ½ Teelöffel Salz, 3 Eier

Das in kleine Würfel geschnittene Fleisch in helle, heiße Butter hineinschütten, Salz und Pfeffer darüberstreuen, kochendes Wasser hinzugießen, Zwiebel und Essig dazugeben und ¾ Stunde auf kleiner Flamme dünsten lassen. Währenddessen den geschnittenen Speck aus-braten, Wasser dazugießen, auf einmal das Mehl hinein-schütten, scharf rühren, bis sich der abgebrannte Kloß-teig vom Topfboden ablöst. Salzen und, sobald die Masse etwas abgekühlt ist, ein Eigelb unterrühren. Weiter auskühlen lassen und nach und nach die übrigen Eier hinzugeben. Mit einem nassen Eßlöffel längliche Klöße abstechen, zum Fleisch geben und 10 Minuten weiter-dünsten lassen.

Schinkenbraten

1 Schweineschinken (ca. 6 Pfund) mit Knochen und Schwarte, 2 Zwiebeln, Suppengemüse, ¼ Liter Rotwein, Nelken, Sahne

Den Schinken waschen, trockenreiben und salzen. Die Schwarte kreuz und quer in Vierecke einschneiden und jedesmal einen Nelkenkopf hineinstecken. In die Bra-tenpfanne legen und mit ½ Liter Wasser angießen. Das gewürfelte Suppengemüse und die Zwiebel hineinlegen. Im vorgeheizten Backofen bei starker Hitze ¼ Stunde, dann bei mittlerer Hitze 2 bis 3 Stunden braten. Mehr-mals mit Wasser begießen. Bevor man den Schinken aus dem Ofen nimmt, übergießt man ihn mit Rotwein. Den Bratensatz durchseihen, mit Sahne abrühren und mit Pfeffer und Salz würzen.

»Der Schweineschinken schmeckt viel besser, wenn er mit Knochen und Schwarte gebraten wird. Dadurch bleibt er auch saftiger. Zum Schinkenbraten essen wir gern warmes Sauerkraut. Am Abend, wenn der Braten kalt ist, schmeckt er auch gut zu frischem Brot.«

Stolzer Heinrich (Tante Lotte)

1 Pfund Bratwurst, 3 Eßlöffel Butter, 2 Zwiebeln, 1 Flasche Bier, ½ Lorbeerblatt, 3 Pfefferkörner, Salz, 1 Teelöffel Mehl
Die Bratwurst an beiden Enden fest zudrehen und mit heißem Wasser übergießen, damit sie nicht platzt. Mit den Zwiebelscheiben in Butter von allen Seiten anbra-

ten. Das Gewürz hinzugeben, 1/8 Liter Bier darübergießen und kochen lassen, bis es sich braun ansetzt. Dann so viel Bier nachgießen, bis die Wurst bedeckt ist, und langsam 1/4 Stunde schmoren lassen. Die Tunke mit Mehl binden. Sehr gut schmeckt dazu Kartoffelbrei.

Zungenragout (Lisbeth)

1 Pfund Markknochen, 2 Liter Wasser, Suppengemüse, 1 Pfund Zunge, 1/8 Liter Rotwein, 2 Zwiebeln, Salz, Pfeffer, 1/2 Liter Brühe, 2 Eßlöffel Butter, 8 gestrichene Eßlöffel Mehl, 1 Eigelb, 3 Eßlöffel Sahne, Petersilie, geröstetes Weißbrot; Fleischklöße: 1/2 Pfund Hackfleisch, 1/8 Pfund geriebenes Weißbrot, 1 Ei, Salz, Pfeffer, 1 Zwiebel

Die feingeschlagenen Markknochen mit dem geschnittenen Suppengemüse braun rösten. Mit heißem Wasser auffüllen, die kleingeschnittenen Zwiebeln dazugeben, mit Salz abschmecken und die gewaschene Zunge darin gar kochen. Läßt sich die Haut leicht abziehen, ist die Zunge gar. Sie muß gehäutet werden, solange sie noch heiß ist. Die Brühe durch ein Sieb geben, aus Butter und Mehl eine dunkle Einbrenne machen und die Brühe nach und nach hinzugeben. Mit Wein auffüllen und durchziehen lassen. Sahne mit Eigelb verschlagen und damit die Tunke legieren. Die Fleischklöße in der Tunke garen und noch einmal pikant mit Pfeffer und Salz abschmecken. Die in Scheiben geschnittene Zunge in die Tunke geben. Mit reichlich gehackter Petersilie bestreuen und mit geröstetem Weißbrot servieren. Wer ein besonders gutes Ragout möchte, gibt noch 1/2 Pfund Champignons oder Steinpilze hinzu.

Fischgerichte

Fischauflauf
Fischfrikandellen
Gedünsteter Dorsch
Gefüllte Heringe
Gespickter Hecht
Goldbutt
Helgoländer Rotbarschschnitte
Holsteinisches Krabbenragout
Krabben in Gelee
Matjesheringe
Saure Bratheringe

Fischauflauf

1½ Pfund Fischfleisch (Reste), 1½ Pfund Pellkartoffeln,
½ Liter Béchameltunke, 2 Eßlöffel Semmelmehl, 1 Eßlöffel
Butter
Den gedünsteten, in Stücke geteilten Fisch und die nicht
zu weich gekochten, in Scheiben geschnittenen Pellkartoffeln abwechselnd in eine gefettete Auflaufform
schichten. Die Tunke darübergeben, mit Semmelmehl
bestreuen und mit Butterflöckchen belegen.

Fischfrikandellen

1 Pfund Fischfleisch (Reste), 1 Zwiebel, etwas Butter,
1 eingeweichte Semmel, 1 Ei, Salz, 2 Eßlöffel Semmelmehl,
4 Eßlöffel Fett zum Braten
Das Fischfleisch feinhacken oder durch die Fleischma-
schine drehen. Mit der in Butter gedünsteten Zwiebel
und den übrigen Zutaten vermischen, flache Klöße formen, in Semmelmehl wenden und in heißem Fett goldbraun braten.

Gedünsteter Dorsch (Minchen)

3 Pfund Dorsch, 2 Stangen Porree, 1 große Zwiebel, 2 rote
Wurzeln, Petersilie, Zitrone, 2 Eßlöffel Butter
Den Dorsch sauberwaschen, in Stücke schneiden und
einsalzen. In eine gefettete Auflaufform legen, mit
geschnittenem Porree, Wurzeln, Zwiebeln und Petersilie
bestreuen und Zitronensaft beträufeln. Butter flüssig
machen und darübergießen. Etwa 1 Stunde bei mittlerer Hitze im Backofen dünsten.

Gefüllte Heringe

8 bis 12 Heringe, 60 Gramm Speck, 40 Gramm Zwiebeln,
Salz, Senf, Tomatenmark, Butter, Petersilie, Tomaten,
Zitrone, geriebener Käse

Heringe säubern, Kopf und Gräten entfernen, säuern und salzen. Von innen mit Tomatenmark und Senf bestreichen, Speck und Zwiebeln würfeln, in der Pfanne bräunen und in die Heringe füllen. Das Ganze in eine gefettete Form geben, mit Butterflöckchen und geriebenem Käse im Ofen überbacken (20 bis 30 Minuten bei mittlerer Hitze). Mit Petersilie, Tomaten und Zitrone anrichten.

Gespickter Hecht

2 Pfund Hecht, Salz, Zitronensaft, 50 Gramm Speck,
2 Eßlöffel geriebener Käse, ⅛ Pfund Butter, 1 Zwiebel,
2 Tomaten, ⅛ Liter saure Sahne, ⅛ Liter Brühe, 1 Teelöffel
Stärkemehl

Den Fisch säubern, Schwanz und Rückenflossen abtrennen und mit Salz und Zitronensaft würzen. Dann am Rücken entlang einen 3 bis 4 Zentimeter breiten Hautstreifen ablösen und durch das freigelegte Fleisch die Speckfäden ziehen. Den Fisch mit Käse bestreuen, in eine Form mit heißer Butter legen und im Backofen unter häufigem Begießen braten. Zwiebelscheiben und Tomaten zum Würzen der Soße mit in die Pfanne geben. Nach 25 Minuten Bratzeit den Fisch mit der sauren Sahne übergießen. Die Soße mit Brühe auffüllen und mit kalt angerührtem Stärkemehl andicken. Bratzeit: 40 bis 50 Minuten.

Goldbutt

4 Pfund Butt, ½ Pfund Butter, 3 Eßlöffel Semmelmehl,
1 Ei, Salz, Zitrone, Petersilie
Kopf und Flossen vom Fisch abschneiden, ausnehmen,
waschen und abtrocknen. Den Fisch mit Ei und Semmelmehl und etwas Salz panieren und in heißem Fett
knusprig braun braten. Den fertigen Butt auf einer vorgewärmten Bratenplatte mit Zitronenscheiben und
Petersilie servieren.

Helgoländer Rotbarschschnitte
(Frau Johannsen)

¾ Pfund Rotbarschfilet, 60 Gramm Räucherspeck, 1 Zwie-
bel, 2 Eßlöffel Tomatenmark, Salz, Pfeffer, Zitronensaft,
1 Schuß Sahne, 1 Prise Zucker, 1 Eßlöffel geriebener Käse,
1 Eßlöffel Semmelmehl, Butterflöckchen
Speck und Zwiebel kleinschneiden, kurz anbraten und
abkühlen lassen. Mit Tomatenmark, Salz, Pfeffer, Zitronensaft, Zucker und Sahne zu einem kräftig abge-
schmeckten Brei verrühren. Die Filets säuern und salzen, jeweils ein Filet (dünn geschnitten) mit dem Brei
bestreichen, mit einem zweiten Filet zudecken und dieses ebenfalls bestreichen. Die Filets in eine gefettete, feuerfeste Form legen, Käse mit Semmelmehl mischen und
darüberstreuen. Butterflöckchen aufsetzen. Bei guter
Hitze im vorgeheizten Backofen 15 bis 20 Minuten
garen. Dazu ißt man Salzkartoffeln und Gemüse.

Holsteinisches Krabbenragout
(Frau Johannsen)

⅜ Pfund Krabben, Zitronensaft, 2 Eßlöffel Mehl,
25 Gramm Butter, ¼ Liter Fleischbrühe, Salz, 2 Eßlöffel

Weißwein, 1 Eigelb, ¼ Pfund gekochter Spargel, Butter zum Ausstreichen der Formen, 3 Eßlöffel geriebener Käse, 1 Eßlöffel Semmelmehl, Butterflöckchen

Das Krabbenfleisch waschen, abtropfen lassen und mit dem Zitronensaft beträufeln. Das Mehl in der Butter hell anschwitzen, die Brühe dazugeben, mit Salz abschmecken, kräftig durchkochen und den Weißwein hineinrühren. Topf vom Feuer nehmen, das verquirlte Eigelb unterziehen, dann die Krabben und den kleingeschnittenen Spargel hineingeben. Das Ragout in die gefetteten Förmchen verteilen, mit Käse und Semmelmehl bestreuen. Butterflöckchen aufsetzen und im vorgeheizten Ofen 10 bis 15 Minuten bei guter Hitze bakken.

Krabben in Gelee

¼ Pfund Krabbenfleisch, ¼ Liter klare Brühe, Essig, Salz, Zucker, 5 Blatt Gelatine
Brühe mit Essig, Salz und Zucker abschmecken und mit Gelatine andicken. Einen dünnen Spiegel in die Form gießen und erkalten lassen. Darauf das Krabbenfleisch verteilen und den restlichen, noch dünnen Aspik darübergeben.

Matjesheringe

8 Matjesfilets, ¼ Liter süße Sahne, ¼ Liter saure Sahne, 2 säuerliche Äpfel, 2 Zwiebeln, ½ Liter Milch, frischer Schnittlauch
Die Matjes mit Wasser abspülen und ½ Stunde in Milch legen. Süße und saure Sahne verquirlen, Äpfel und Zwiebeln kleinschneiden und unterheben. Den Matjes abspülen und abtropfen lassen, in die Sahnesoße geben. Schnittlauch drüberstreuen und an einem kühlen Ort ziehen lassen. Dazu schmecken Pellkartoffeln besonders gut.

Saure Bratheringe

2 Pfund grüne Heringe, Salz, Zitronensaft, 2 Eßlöffel Mehl,
80 Gramm Butter, ¼ Liter Essig, ⅛ Liter Wasser,
60 Gramm Zwiebelscheiben, 1 Eßlöffel Senfkörner,
8 Pfefferkörner

Die ausgenommenen und gewaschenen Heringe werden von den Köpfen getrennt und mit Salz und Zitronensaft gewürzt. In Mehl wenden und in Butter goldbraun braten. In einen Steintopf legen. Den Essig mit Wasser, Zwiebeln und Gewürzen aufkochen und den Sud erkaltet über die Heringe geben. Sie können nach 3 bis 4 Tagen gegessen werden.

Tunken

Adeles Speckstippe
Béchameltunke
Doras sahnige Senftunke
Frühlingstunke
Kalte Senftunke
Petersilientunke
Remouladentunke
Safttunke
Senftunke
Siruptunke
Tomatentunke
Vanilletunke
Weinschaumtunke
Zwiebeltunke

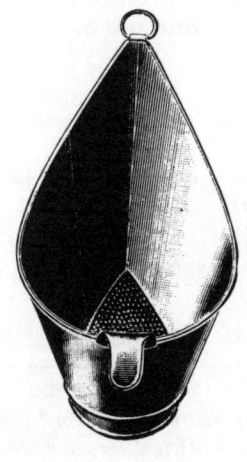

Adeles Speckstippe

⅛ Pfund Speckwürfel, 1 bis 2 Zwiebeln, 5 Eßlöffel Mehl,
½ Liter Brühe, ½ Lorbeerblatt, 2 Nelken, 1 bis 2 Eßlöffel
Essig, Zucker oder 1 Eßlöffel Sirup, Salz, Schuß Sahne
Speck- und Zwiebelwürfel in der Pfanne gelb rösten und
herausnehmen, ehe man das Mehl hineingibt und
braun werden läßt. Mit der Brühe auffüllen und die
Tunke mit Lorbeerblatt, Nelken, Speck- und Zwiebelwürfeln 15 Minuten kochen lassen. Mit Essig, Salz, Zukker oder Sirup abschmecken. Lorbeerblatt und Nelken
vor dem Anrichten herausnehmen. Mit einem Schuß
Sahne verfeinern. Die Stippe schmeckt gut zu Brechbohnen, Kartoffelklößen oder Pellkartoffeln.

Béchameltunke

2 Eßlöffel Butter, ½ Tasse Schinkenwürfel, 1 bis 2 Zwie-
beln, 4 Eßlöffel Mehl, ¼ Liter Brühe, ¼ Liter Sahne, Salz,
1 Prise Pfeffer
Zwiebelscheiben und Schinkenwürfel in der Butter
dünsten, das Mehl dazugeben und hell rösten, mit Brühe und Sahne auffüllen und 20 Minuten kochen lassen.
Passieren und mit Salz und Pfeffer abschmecken.

Doras sahnige Senftunke

⅛ Liter saure Sahne, 5 Teelöffel Senf, Salz, Zucker, Zitro-
nensaft
Alle Zutaten gut verquirlen. Diese Tunke schmeckt
besonders gut zu Salat und roten Rüben.

Frühlingstunke

¼ Liter saure Sahne, Saft von ½ Zitrone, Zucker, Salz,
2 hartgekochte Eier, 3 Eßlöffel feingehackte Kräuter

Sahne und Zitronensaft gut verrühren, mit Zucker und Salz abschmecken und mit den gehackten Eiern und feingewiegten Kräutern mischen.

Kalte Senftunke (Mariechen)

3 hartgekochte Eier, 6 Eßlöffel Senf, 1 Teelöffel gehackte Zwiebel, 6 Eßlöffel saure Sahne, 2 geriebene Äpfel
Die feingehackten Eier mit Senf und Zwiebeln vermischen. Nach und nach die saure Sahne und die geriebenen Äpfel dazugeben. Diese Tunke schmeckt sehr gut als Beigabe zu gekochten Eiern.

Petersilientunke

½ Liter Milch, 2 Eßlöffel Butter, 4 Eßlöffel Mehl, 1 kleine Zwiebel, Salz, gehackte Petersilie
Zwiebel in der Butter leicht andünsten, Mehl auf einmal hinzugeben, nach und nach mit der Milch auffüllen und aufkochen lassen. Mit Salz abschmecken und die gehackte Petersilie hinzufügen. Schmeckt besonders gut zu neuen Kartoffeln.

Remouladentunke (Oma Momsen)

2 hartgekochte Eier, 1 rohes Eigelb, ⅛ Liter Öl, 2 Eßlöffel Essig oder Zitronensaft, 1 Eßlöffel Senf, 1 Teelöffel feingehackte Zwiebel, 1 Eßlöffel zerkleinerte Kapern, 2 kleine, feingehackte Gewürzgurken, 1 bis 2 feingehackte Sardellen, 1 Eßlöffel gehackte Kräuter, Salz, Pfeffer, ⅛ Liter saure Sahne
Die hartgekochten Eigelb durch ein Sieb streichen und mit dem rohen Eigelb gut verrühren. Darunter tropfenweise das Öl schlagen und Essig, Senf, die feingehackten übrigen Zutaten sowie Salz, Pfeffer und die saure Sahne

hinzufügen. Das hartgekochte Eiweiß kann man mit in die Soße geben oder zur Verzierung verwenden.

Safttunke

1 Liter Fruchtsaft oder 1 Pfund frisches Obst, Zitronensaft, Zucker nach Geschmack, 1 Eßlöffel Puddingpulver, 1 Eßlöffel Rum

Obst mit 1 Liter Wasser zum Kochen bringen. Obst abgießen und den gewonnenen Saft bzw. den fertigen Fruchtsaft mit Zucker und Zitrone abschmecken. Puddingpulver anrühren und dazugeben. Nochmals aufkochen lassen und den Rum unterziehen.

Senftunke

2 Eßlöffel Butter, 5 Eßlöffel Mehl, ½ Liter Brühe, 2 Zwiebeln, 2 Eßlöffel Senf, 2 Eßlöffel Essig, Salz, etwas Sahne

Aus Butter, Mehl und Brühe eine Mehlschwitze bereiten. Die gehackten, gebräunten Zwiebeln dazugeben. Senf in etwas Wasser auflösen, mit den übrigen Zutaten abschmecken und mit Sahne verfeinern.

»Ganz besonders freuten wir uns immer auf den Ostersamstag, denn da gab es Eier in Senftunke. Und jeder durfte so viele Eier essen, wie er konnte. Da kam es schon mal vor, daß der eine oder andere die stattliche Anzahl von 20 Eiern verputzte. Ein Grund dafür war sicher, daß es endlich wieder frische Eier gab. Im Winter legten die Hühner kaum, so daß wir im Herbst für Vorrat sorgen mußten. In einem Steinkrug wurden vorsichtig die rohen Eier gestapelt und zum Haltbarmachen mit Wasser und einem Pulver (Garantol) übergossen. Im Kellergewölbe, zugedeckt mit Pergamentpapier, wurde der Krug aufbewahrt, und man hatte bis zum Frühjahr Eier zum Kochen und Backen.«

Siruptunke

¼ Pfund fetter Speck, 1 Becher Sirup, Essig
Speck würfeln und auslassen, den Sirup dazugeben.
So lange köcheln lassen, bis sich der Sirup aufgelöst hat.
Mit Essig abschmecken.

Tomatentunke

1 Eßlöffel Butter, rohe Schinkenwürfel nach Geschmack,
1 kleine Zwiebel, ½ Pfund Tomaten, 4 Eßlöffel Mehl,
½ Liter Brühe, Salz, Zitronensaft
Feingeschnittene Zwiebel und Tomaten mit den Schinkenwürfeln in der Butter dünsten. Mehl hinzugeben, durchschwitzen lassen und mit der Brühe auffüllen. Etwa 10 Minuten kochen lassen, durchrühren und mit Salz und Zitronensaft abschmecken.

Vanilletunke

½ Liter Milch, ½ Stange Vanille, 1 Eßlöffel Stärkemehl,
2 Eßlöffel Zucker, 2 Eigelb, Salz
Milch mit Vanille aufkochen, mit Zucker und Salz
abschmecken und mit Mehl andicken. Mit Eigelb
abrühren.

Weinschaumtunke

2 Eier, ¼ Liter Weißwein, 40 Gramm Zucker
Eier, Wein und 3 Eßlöffel Zucker schaumig schlagen.
Bei schwacher Hitze weiterschlagen, bis die Masse dick-
lich wird, nicht kochen. Will man die Tunke kalt reichen, bis zum Erkalten schlagen.

Zwiebeltunke

2 Eßlöffel Butter, 3 Zwiebeln, 4 Eßlöffel Mehl, ½ Liter Brü-
he, 1 Teelöffel Kümmel, Salz
Die feingehackten Zwiebeln mit dem Mehl in der Butter
rösten, mit Flüssigkeit auffüllen. Mit Kümmel 10 Minuten kochen lassen, durch ein Sieb streichen und mit Salz
abschmecken.

Nachtisch

Oma Petersens festlicher Nachtisch
Apfelmus mit Mandelkruste
Arrak-Creme
Buttermilchkaltschale
Doras feine Weincreme
Errötende Jungfrau
Käthes köstlicher Grießpudding
Kirschreis
Morgenröte
Rhabarberkompott
Rote Apfelspeise
Rote Grütze
Rumpudding
Schneeklöße mit Vanilletunke
Schokoladencreme
Süßes Eiergelee
Vanilleäpfel
Verschleiertes Bauernmädchen

Oma Petersens
festlicher Nachtisch für 15 Personen
Mokkapudding

14 Eier, ¾ Pfund Zucker, 1 Liter Milch, 1½ Tassen starker Mokka, 20 Blatt Gelatine, 1 Liter Schlagsahne, Schlagsahne für die Tupfen
Die Eigelb mit dem Zucker schaumig rühren und die kochende Milch langsam dazugeben. Gut verrühren, in den Kochtopf zurückgeben und zum Sieden bringen. Den aufgebrühten Mokka dazugießen und die aufgelöste Gelatine unterrühren. Nach Erkalten den steifgeschlagenen Eischnee und die ebenfalls geschlagene Sahne unterheben. In eine große Glasschüssel geben und mit Sahnetupfen garnieren.

Apfelmus mit Mandelkruste (Johanna)

1 Glas Apfelmus, ½ Pfund gestoßene süße Mandeln, ¼ Pfund Zucker, geriebene Schale von ½ Zitrone, 4 Eier
Mandeln, Zucker und Zitronen gut miteinander vermengen, das Eiweiß zu Schaum schlagen und darunterziehen. Dann den Teig über festes Apfelmus geben und bei mäßiger Wärme gar backen.

Arrak-Creme (Dora)

4 gehäufte Eßlöffel Zucker, Saft und Schale von 1 Zitrone, ¼ Liter Weißwein, 4 Eier, 1 gehäufter Eßlöffel Stärkemehl, 3 Eßlöffel Arrak
Zucker, Zitronensaft und -schale, Arrak und Wein in eine Schüssel geben und so lange stehen lassen, bis sich der Zucker aufgelöst hat (ca. 1 Stunde) Eigelb mit Mehl verrühren, obige Flüssigkeit dazugeben und auf schwa-

chem Feuer so lange rühren, bis eine dickliche Masse
entsteht. Erkalten lassen und das zu steifem Schnee
geschlagene Eiweiß daruntergeben. In Gläser füllen und
kalt stellen.

Buttermilchkaltschale

*4 Eier, ¼ Pfund Zucker, 2 Liter Buttermilch, 1 Vanillezuk-
ker, geriebene Schale von 1 Zitrone*
Eigelb und Zucker schaumig rühren. Die Buttermilch
dazugeben und mit Zucker und Zitronenschale würzen.
Etwa ½ Stunde kalt stellen. Eiweiß steif schlagen und
unterziehen. Kurz vor dem Servieren gibt man Makrön-
chen in die Suppe oder reicht anderes Kleingebäck
dazu.

Doras feine Weincreme

*4 Eier, 6 gestrichene Eßlöffel Zucker, 2 Teelöffel Stärke-
mehl, ¼ Liter Weißwein, Saft und Schale von ½ Zitrone,
4 Blatt Gelatine*
Eigelb, Zucker, Stärkemehl mit Wein glattrühren und
unter dauerndem Schlagen zum Kochen bringen. Gelatine in wenig lauwarmem Wasser auflösen, mit Zitronensaft und -schale an die Creme geben, einige Minuten
schlagen und mit dem zu steifem Schnee geschlagenen
Eiweiß vermischen.

81

Errötende Jungfrau

3 Eiweiß, ¼ Liter süßer, roter Fruchtsaft, 3 Eßlöffel Zuk-
ker, 12 Blatt Gelatine, 2 Eßlöffel Saft zum Auflösen der
Gelatine

Eiweiß und Fruchtsaft schaumig schlagen. Mit Zucker
abschmecken. Die aufgelöste Gelatine tropfenweise
unter die Masse geben und in eine Glasschale füllen.
Man reicht Vanilletunke oder flüssige Sahne dazu.

Käthes köstlicher Grießpudding

½ Liter Milch, Schale von 1 Zitrone, ⅜ Pfund grober Grieß,
4 Eigelb, 3 Eßlöffel Butter, 3 gehäufte Eßlöffel Zucker,
¼ Pfund Rosinen, 4 Eßlöffel feingehackte Mandeln,
4 Eiweiß, Semmelmehl, Butter zum Ausfetten der Form

Milch und Zitronenschale zum Kochen bringen. Zitronenschale herausnehmen und den Grieß unter Rühren
in die kochende Milch streuen. Auf kleiner Flamme den
Grieß gar quellen lassen. Ein Eigelb sofort unterrühren,
dann den Grieß kalt stellen. Butter und Zucker schaumig rühren und nach und nach die restlichen Eigelb
hinzufügen. Löffelweise den kalten Grieß unterrühren.
Die gewaschenen Rosinen und Mandeln hineingeben
und zuletzt den steifgeschlagenen Eischnee vorsichtig
unterziehen. Die Puddingmasse in eine gut gefettete und
mit Semmelmehl ausgestreute Puddingform füllen und
im Wasserbad kochen. Den vorsichtig gestürzten Pud-
ding warm mit Fruchtsaft oder Weinschaumtunke servieren.

Kirschreis

1 Pfund entsteinte Kirschen, 1 Liter Wasser, 2 Eßlöffel But-
ter, 1 Teelöffel Salz, Schale von 1 Zitrone, ½ Pfund Milch-
reis, 2 gehäufte Eßlöffel Zucker, ½ Teelöffel Zimt

Wasser mit 1 Eßlöffel Butter, Salz und Zitronenschale zum Kochen bringen. Den Reis hineinstreuen und Kirschen und Zucker ebenfalls hinzugeben. Quellen lassen und mit gebräunter Butter, Zucker und Zimt anrichten.

»Wenn es ans Kirschenentsteinen geht, halte ich mich an die bewährten Hilfsmittel meiner Großmutter: Haarnadel aus dem Dutt, in einen Korken stechen und dann mit dem runden Ende von unten in die Kirsche. Das geht ruck, zuck!«

Morgenröte (Tante Mimi)

½ Liter Milch, 1 Vanillestange, 3 Eßlöffel Stärkemehl, 2 Eier, 1 Prise Salz, 3 Eßlöffel Zucker, 1 Tasse roter Fruchtsaft, 2 Blatt rote Gelatine, Schlagsahne

Milch, Vanillestange, Mehl, Eigelb, Zucker und Salz gut verrühren und in eine Glasschüssel geben. Das steifgeschlagene Eiweiß und den Saft hinzufügen. Die aufgelöste Gelatine unter die Masse ziehen. Mit Schlagsahne garnieren.

Rhabarberkompott

1 Pfund Rhabarber, ¼ Pfund Zucker, Schale von 1 Apfelsine

Den Rhabarber gründlich waschen, in 3 bis 4 Zentimeter lange Stücke schneiden und einzuckern. Sobald der Rhabarber Saft gezogen hat, wird er mit der Apfelsinenschale auf kleiner Flamme gar gedünstet; die Stengel dürfen nicht zerfallen. Gut schmeckt dazu eine Vanilletunke.

Rote Apfelspeise (Lenchen)

½ Liter flüssiges Apfelmus, Schale von 1 Zitrone, Vanillezucker, Rum, 5 Blatt rote Gelatine
Das Apfelmus mit geriebener Zitronenschale, Vanillezucker und Rum abschmecken. Die Gelatine auflösen und langsam unterziehen. In Gläser füllen und mit Sahne garnieren.

Rote Grütze

1 Pfund rote und schwarze Johannisbeeren, ¼ Pfund Himbeeren, 1½ Liter Wasser, 150 Gramm Maismehl, Zucker
Die Beeren in Wasser aufkochen und durch ein Sieb geben. Mit Maismehl andicken, nochmals aufkochen lassen und mit Zucker abschmecken. Mit kalter Milch reichen.

»Rote Grütze ist eine typische Sommerspeise. Es gibt viele Zubereitungsarten. Sie kann aus Saft mit oder ohne Fruchteinlage hergestellt werden. Zum Andicken nimmt man Mehl, Sago oder Grieß. Dazu essen wir Milch oder Vanilletunke oder — zu besonderen Gelegenheiten — Schlagsahne.«

Rumpudding

1 Liter Milch, 90 Gramm Kartoffelmehl, 2 Eier, 40 Gramm Zucker, 1 Tasse Rum

¾ Liter Milch zum Kochen bringen. Die übrige Milch mit Eigelb, Kartoffelmehl und Zucker verquirlen und mit der heißen Milch aufkochen. Rum dazugeben und das zu Schnee geschlagene Eiweiß locker untermischen.

Schneeklöße mit Vanilletunke

4 Eiweiß, 4 Eßlöffel Zucker, ½ Liter Milch, 1 Vanillestange, ½ Eßlöffel Mehl, 1 Prise Salz, 3 Eigelb

Eiweiß zu sehr steifem Schnee schlagen und mit 2 Eßlöffel Zucker vermischen. Mit nassem Eßlöffel ei-förmige Klöße abstechen und nebeneinander auf die kochendheiße, mit Vanille und Zucker gesüßte Milch legen. Der Topf muß breit genug sein, damit man die Klöße wenden kann. Die Klöße bei geschlossenem Dek-kel in der heißen Milch (nicht kochen) ca. 10 Minuten gar ziehen lassen. Dann legt man sie mit dem Schaum-löffel auf ein breites Sieb zum Abtropfen und bereitet auf diese Weise alle Klöße zu, bis der Schnee verbraucht ist. Die Milch durch ein Sieb gießen, nochmals aufko-chen lassen, mit Mehl, 1 Prise Salz und dem Eigelb abziehen. Die Schneeklöße türmt man in einer Glas-schüssel übereinander und übergießt sie mit der abge-kühlten Tunke.

Schokoladencreme (Tante Gretel)

6 Eier, 60 Gramm geriebene Schokolade, 1 Eßlöffel Kakao,
3 Eßlöffel Zucker, 6 Blatt Gelatine, Schlagsahne
Eigelb und Zucker schaumig rühren. Geriebene Schokolade, Kakao und die in etwas Wasser aufgelöste Gelatine leicht abgekühlt dazugeben. Dann den steifen Eischnee unterziehen und in eine Schale füllen. Mit Schlagsahne verzieren.

Süßes Eiergelee

½ Liter Milch, ½ Stange Vanille, Schale von ½ Zitrone,
5 Eigelb, 2 Eiweiß, 4 Eßlöffel Zucker
Die Milch mit der Vanillestange und der Zitronenschale kochen. Erkalten lassen und die Gewürze herausnehmen. Eigelb, Eiweiß und Zucker hineinquirlen und das Ganze in eine tiefe feuerfeste Schüssel geben. In kochendes Wasser setzen und so lange stehen lassen, bis es geliert. Man gibt es mit Zucker bestreut lauwarm in derselben Schüssel auf den Tisch und reicht ein herzhaftes Kompott (zum Beispiel Rharbarber) dazu.

Vanilleäpfel

4 geschälte, ausgestochene Äpfel, Zuckerwasser, Marmelade oder Gelee, Mandelstifte

Die Äpfel im Zuckerwasser vorsichtig weich kochen. Auf 4 Glasteller setzen und mit Marmelade füllen. Mit Mandelstiften spicken und dicke Vanilletunke darübergießen.

Verschleiertes Bauernmädchen

¼ Pfund Schokolade, 60 Gramm Zucker, 10 Eßlöffel geriebenes Brot, ½ Liter Schlagsahne, Johannisbeergelee

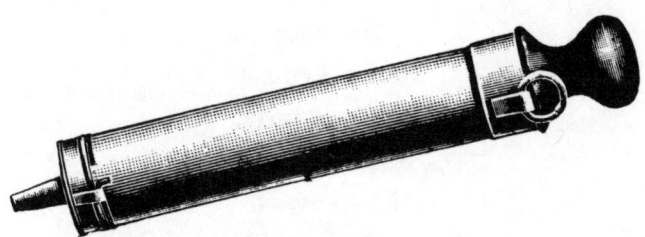

Schokolade und Brot reiben und mit dem Zucker mischen. Von dieser Masse einige Löffel in eine Glasschüssel geben, dann eine Schicht geschlagene Sahne daraufsetzen. Das wird fortgesetzt, bis die Schüssel dreiviertel gefüllt ist. Die letzte Schicht bildet eine üppige Sahneverzierung (mit Hilfe einer Kuchenspritze) und wird nach Belieben mit Geleestücken belegt.

Backen

Albersdorfer Butterkringel
Apfeltorte
Bienenstich
Bunter Stuten
Feiner Gesundheitskuchen
Galoppkuchen
Gretens Butterkuchen
Grießkuchen
Hedwige
Herrenkringel
Himmelstorte
Kartoffeltorte
Kiekengees
Mutters braune Pletten
Nußkuchen
Pflaumentaschen
Preetzer Eierkringel
Schneeflocken
Schokoladentorte
Schwarzbrot
Schwarzbrottorte
Sirupkuchen
Tante Tines Schokoladenkränze
Walnußpuffer
Weiße Nüsse
Zwieback

Trauern macht hungrig und durstig

Nachbarschaftshilfe wurde auf dem Lande immer groß-geschrieben — natürlich auch und gerade bei Sterbefällen. Die ›Totenfrau‹, die stets als erste und sofort benachrichtigt wurde, ging dann herum, um den Tod allen Dorfbewohnern mitzuteilen. Allen Nachbarn gab sie Bescheid und bat gleichzeitig die Frauen, am übernächsten Tag zum ›Sarglegen‹ zu kommen. Denn die Aufgabe der ›Fruunslüt‹ war es, das ›Totenzeug‹ für den Sarg zu nähen. Dazu gehörten zwei Kissen und ein langes Tuch zum Auslegen. Ein Totenhemd war in den meisten Fällen schon vorhanden (das nähten sich die Altbäuerinnen beizeiten selbst). Kamen die Nachbarinnen also ›to'n Kleeden‹ (zum Kleiden), wie sie es auch nannten, brachten sie außer Nähzeug auch einen Krug voll Sahne mit, als Zutat für den Zwieback, der später als kleine Stärkung zum Kaffee gereicht wurde. Die leeren Krüge wurden in die Diele gestellt und nach getaner Arbeit — aufgefüllt mit frischem Zwieback — zur Freude aller Kinder wieder mit nach Hause genommen.
Zur Beerdigung, meistens ein oder zwei Tage später, gingen nur die Männer. Sie wurden auch die ›Folgers‹ genannt, weil sie dem Sarg folgten. Sie bekamen erst einmal ihren Schnaps, und weil Trauern nicht nur durstig, sondern auch hungrig machte, gab es nach der Predigt Bunten Mehlbeutel, gekochten Schinken und Kartoffeln. Doch damit nicht genug: Die Frauensleute ließen es sich nicht nehmen, für die anschließende Kaffeetafel auch noch Berge von Kuchen parat zu halten ...

Oma Petersens wertvolle Backtips

1. Vom richtigen und tüchtigen Rühren hängt das Gelingen des Backwerks ab. Man sollte diese geringe Mehrarbeit daher nicht scheuen.

2. Butter läßt sich leichter schaumig rühren, wenn man sie vorher in eine angewärmte Schüssel gibt.

3. Will man Mandeln schälen, legt man sie so lange in kochendheißes Wasser, bis sich die Schalen mit den Fingern abdrücken lassen.

4. Ein Kuchen ist fertig gebacken, wenn die äußere Kruste hart ist. Will man auf ›Nummer Sicher‹ gehen, sticht man zum Ende der Backzeit mit einer Metallstricknadel den Kuchen vorsichtig ein. Bleibt kein Teig hängen, ist der Kuchen fertig.

5. Kuchen, die in Formen gebacken werden, nach Herausnehmen aus dem Backofen einige Minuten stehen lassen. Sollten sie sich beim Stürzen nicht aus der Form lösen, so bedeckt man die Form mit einem feuchten, kalten Tuch. Mehrmals wiederholen.

6. Zum Aufbewahren von Keksen und Plätzchen die Blechdose mit Pergamentpapier auslegen.

7. Zum Frischhalten von Kuchen einen halben Apfel mit in die Kuchendose stellen.

8. Frisches Brot und frischer Kuchen lassen sich besser glatt schneiden, wenn man das Messer vor jedem Schnitt in kaltes Wasser taucht.

9. Zuckerguß bekommt einen noch schöneren Glanz,

wenn man vor dem Anrühren einen Löffel feingeschnittenes Kokosfett dazugibt.

10. Richtige Ofenhitze ist eine Hauptbedingung für das gute Gelingen des Backwerks. Der richtige Hitzegrad zum Backen läßt sich durch ein Stück Zeitungspapier erproben, das man in den Backofen legt. Öffnet man ihn nach einigen Minuten und das Papier brennt oder es ist verkohlt, so ist der Ofen zu heiß, und man muß ihn abkühlen, indem man die Ofentür öffnet. Ist das Papier braun, so hat der Ofen die richtige Hitze für Blätterteig und Kuchen, bei welchen in den Rezepten ein heißer Ofen vorgeschrieben ist. Ist das Papier gelbbraun, so hat der Ofen mäßige Hitze, richtig für fast alles Backwerk. Färbt sich das Papier nur ganz langsam gelb, so hat der Ofen wenig Hitze — geeignet für Gebäck, das eher trocknen soll als backen.

Kuchenschlacht

Kaffeetrinken und Kuchenessen — das ist eine uralte, liebevoll gepflegte Tradition auf dem Lande!
Jede gute Hausfrau ist eine leidenschaftliche Bäckerin, Kuchenrezepte sammeln gehört zu ihrem Hobby: Auf fliegenden Zetteln in Keksdosen und Schubladen werden sie aufbewahrt und mit Begeisterung wieder hervorgekramt und ausgetauscht. Bei der großen Kaffeetafel zeigt sich dann, was man kann. Gespannt sitzen die Gäste am Tisch und warten auf die erste Torte. Sie wird nicht aufgeschnitten in die Mitte gestellt, sondern am

»Bei der Kartoffelernte waren wir
froh über jeden Helfer. Oft gingen bis
zu 20 Frauen und Männer mit 'raus
auf den Acker. Wir hatten einen
›Schleuderroder‹, der die Kartoffeln
aus der Erde warf. Wir gingen
hinterher, sammelten sie ein und
schütteten sie auf den Kartoffelwagen.«

Tafelanfang vor den ersten Gast gestellt. Der kann sich dann abschneiden, soviel er mag. Doch hüte sich derjenige, dessen Augen größer sind als sein Magen! Denn kaum ist das erste Stück verputzt, zieht die nächste sahneverzierte Torte vorbei. Und so geht es fröhlich weiter. Nach der fünften Torte folgen dann meist die trockenen Stücke mit Butterkuchen und Plätzchen. Nicht selten ist die letzte Torte die Krönung von allen. Ärgerlich, wenn man sich dann vorher schon satt gegessen hat ...

Albersdorfer Butterkringel

¾ Pfund Butter, 180 Gramm Zucker, 1 Eigelb, ¼ Pfund gehackte Mandeln, 1 Pfund Mehl

Die Zutaten kalt verkneten, Kringel formen, mit Eigelb bestreichen und mit etwas Zucker überstreuen. Bei mäßiger Hitze hellbraun backen (etwa 10 Minuten bei ca. 180 Grad).

Apfeltorte (Schwiegermutter)

½ Pfund geriebene Pellkartoffeln, ½ Pfund Butter, ¾ Pfund Zucker, Saft und geriebene Schale von 1 Zitrone, 8 Eier, 2 tiefe Teller gehäuft mit Apfelscheiben, 3 Eßlöffel gehackte Mandeln

Die geschmolzene Butter, den Zucker und die Kartoffeln gut verrühren und nach und nach Eigelb und Zitrone dazugeben, zum Schluß die Apfelscheiben und den steifen Eischnee. In eine gefettete Tortenform geben und mit Mandelscheiben überstreuen. Bei mäßiger Hitze (180 Grad) etwa 45 Minuten backen.

Bienenstich

Teig: 75 Gramm Butter, 3 gehäufte Eßlöffel Zucker, 1 Ei,
1 Prise Salz, ½ Pfund Mehl, 2 gestrichene Teelöffel Back-
pulver, 4 bis 5 Eßlöffel Milch
Belag: 75 Gramm Butter, 4 gehäufte Eßlöffel Zucker,
1 Päckchen Vanillezucker, 1 Eßlöffel Milch, 100 Gramm
Mandeln
Füllung: ½ Liter Milch oder frische süße Sahne, 3 bis
4 Eigelb, ½ Stange Vanille, 4 gestrichene Eßlöffel Zucker,
1 Teelöffel Stärkemehl

Die Teigzutaten zu einem feinen, glatten Rührteig verarbeiten und in eine gefettete Springform geben. Bei
mäßiger Hitze etwa 35 Minuten backen lassen. Unterdessen die Vanillecreme zubereiten: Eigelb, Mehl und
Zucker mit der kalten Milch anrühren. Die aufgeschnit-
tene Vanille dazugeben und so lange auf dem Feuer rühren, bis die Milch kocht. Zur Seite stellen und noch
5 Minuten mit dem Schneebesen schlagen.
Belag: Sämtliche Zutaten in einen Topf geben und unter
Rühren einige Male aufkochen lassen.

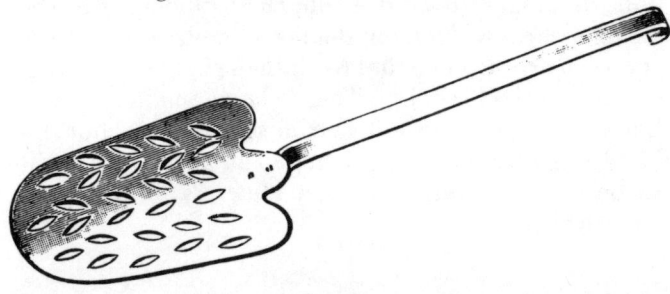

Den Kuchen aus der Springform nehmen, erkalten lassen und waagerecht in zwei gleiche Scheiben schneiden.
Die untere Scheibe mit Vanillecreme belegen, den Dek-
kel daraufgeben und oben mit dem Belag bestreichen.
Den ganzen Kuchen in der geschlossenen Springform
noch so lange in den heißen Backofen (ca. 30 Minuten
bei 200 Grad) geben, bis der Belag goldbraun ist. Mit
nassem Messer vom Rand der Form lösen.

Feiner Gesundheitskuchen (Oma)

½ Pfund Mehl, ¼ Pfund Butter, 6 Eier, Saft und Schale von ½ Zitrone, ¼ Pfund Zucker, 5 Eßlöffel Milch, 1 Eßlöffel Rum, 1 Päckchen Backpulver

Butter schaumig rühren. Zucker, Zitrone, Rum, kalte Milch und Eigelb hinzugeben. Backpulver mit Mehl vermischen und unterrühren. Zuletzt den steifen Eischnee leicht darunterheben. In gefetteter kalter Form bei mäßiger Hitze ¾ Stunde backen. Mit feinem Zucker bestreuen.

Bunter Stuten

3 Pfund Weizenmehl, 1 Liter Milch, ¼ Pfund Butter, ¾ Pfund Rosinen, ¼ Pfund Korinthen, 3 Eßlöffel Zucker, 1 Teelöffel Salz, 80 Gramm Hefe, 1 Ei zum Bestreichen

In das mit Salz vermischte Mehl eine Höhlung machen und die ausgerührte Hefe mit Mehl hineingeben. Die leicht erwärmte Milch mit dem geschmolzenen Fett, die gewaschenen Rosinen und Korinthen ebenfalls dazutun und alles verrühren. Den Teig so lange schlagen, bis er Blasen wirft. In eine mit Fett ausgestrichene und mit Mehl ausgestreute Form geben und aufgehen lassen. Mit Ei bestreichen und bei starker Hitze ¾ bis 1 Stunde backen.

»Bunter Stuten mit Butter bestrichen schmeckt gut zu einer anständigen Tasse Kaffee. Wir essen ihn aber auch sehr gern am Abend mit Mettwurst oder Käse. Früher gab es Stuten nur zu besonderen Gelegenheiten, wie zu Festlichkeiten oder an kirchlichen Feiertagen. Dann aß man ihn zum Beispiel mit Mettwurst belegt zur Weinsuppe.«

Galoppkuchen (Frau Voss)

¼ Pfund Butter, ¼ Liter Milch, ¼ Pfund Mehl, gehackte Mandeln und Haselnüsse, ¼ Pfund Puderzucker, einige Tropfen Zitrone, 4 Eier

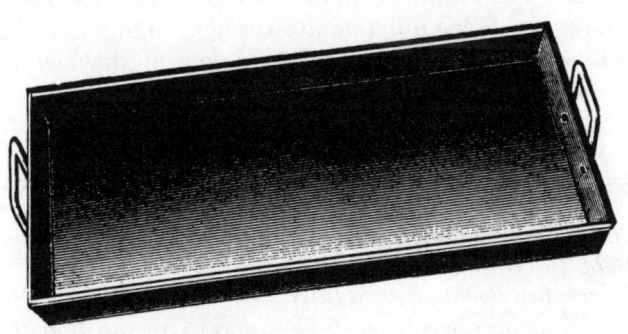

Butter und Milch in einen Topf geben und erhitzen. Mehl dazuschütten und zum Kloß abbacken. 1 Ei und den Zitronensaft gleich unterrühren, nach einer Weile die restlichen 3 Eier. Aus dem Teig drei Streifen auf ein gefettetes Backblech ziehen und mit Mandeln und Nüssen bestreuen. 20 Minuten bei 180 Grad backen. Aus dem Ofen nehmen und mit Zuckerglasur überziehen. Dazu ißt man Schlagsahne.

»Der Kuchen kommt ›taufrisch‹ — also noch warm — aus dem Ofen auf den Tisch. Sagt sich unerwartet Besuch an, so ist er sozusagen ›im Galopp‹ zubereitet und steht im Nu zu einer guten Tasse Kaffee bereit.«

Gretens Butterkuchen

3 Eier, 3 Tassen Zucker, 2 Tassen Sahne, 1 Päckchen
Vanillezucker, 4 Tassen Mehl, 1 Päckchen Backpulver;
Belag: ½ Pfund flüssige Butter, 200 Gramm gehobelte
Mandeln, 1 Tasse Zucker
Eier und Zucker schaumig rühren, Sahne und Vanillezucker dazugeben. Das mit Backpulver vermischte Mehl
unterziehen. Den Teig auf ein gefettetes Blech streichen
und 20 bis 25 Minuten bei 175 Grad backen. Die Zutaten für den Belag miteinander vermengen und auf dem
heißen Kuchen verteilen. 10 Minuten weiterbacken.

Grießkuchen (Martha)

200 Gramm Zucker, 60 Gramm Butter, 1 Ei, ¾ Pfund
Mehl, 165 Gramm Grieß, Saft und Schale von ½ Zitrone,
1 Päckchen Backpulver, ¼ Liter Milch
Butter schaumig rühren. Zucker und Ei hinzugeben und
gut daruntermengen. Das mit Backpulver vermischte
Mehl langsam hinzuschütten, so daß es einen schönen
glatten Teig ergibt. In eine gefettete Form füllen und bei
reichlicher Hitze etwa 1 Stunde backen.

Hedwige

2 Pfund Mehl, ¾ Pfund Butter, ½ Liter Milch, ¼ Pfund
Zucker, ¼ Pfund Korinthen, ¼ Pfund Rosinen, 80 Gramm
Hefe, Kardamom, 1 Prise Salz
Das Mehl warm stellen, Milch und die Hälfte der Butter
erwärmen. Die mit etwas Zucker angerührte Hefe und
die restlichen Zutaten in das Mehl geben, gut verrühren
und so lange kneten, bis sich Blasen bilden. Den Teig
aufgehen lassen. Die restliche Butter hineinkneten und
handtellergroße, flache ›Wecken‹ formen. Auf ein gefet-

tetes, mehlbestäubtes Blech legen und 20 bis 25 Minuten bei starker Hitze (220 bis 225 Grad) backen. Warm essen.

»Die Fastenzeit — bei uns im Norden nahm man es damit nicht so genau — war in Schleswig-Holstein die Zeit der Hedwige. Man brachte seinen angerührten Teig zum Bäcker und ließ sich dort die plattgedrückten, rosinenbestückten Hefeteilchen fertig bakken. Zu Hause wurden sie in großen Körben gestapelt. Man aß sie aufgewärmt und mit Butter zum Kaffee. An den Abenden traf sich das Jungvolk beim Bäcker in der Backstube zum ›Hedwig verdreihn‹. Für wenige Pfennige durfte man ein Zahlenrad drehen und sein Glück versuchen. War es einem hold, so konnte man mit einer stattlichen Anzahl von Hedwigen nach Hause ziehen. Hatte man Pech, wollte aber dem Spott der anderen entgehen, so kaufte man sich heimlich welche. Vielerorts war auch das ›Umschwiern‹ zur Fastenzeit Sitte und Gebrauch. Die jungen Leute versammelten sich abends, zogen lachend von Haus zu Haus, aßen Hedwige, tranken Kaffee und Branntwein, tanzten auf der Diele oder spielten Karten. Das ging dann bis zum Aschermittwoch, wo ja bekanntlich alles vorbei ist . . .«

Herrenkringel

---

10 Eßlöffel Sahne, ¾ Pfund Butter, 1 Pfund Mehl
Alles gut verkneten, Kringel formen und mit Zucker bestreuen. Bei mäßiger Hitze goldgelb backen.

»Diese Kringel bewahrte Mutter in einer Extra-Keksdose auf, die in der guten Stube auf dem Schrank stand. Und wenn unser Vater Herrenbesuch bekam, brachte Mutter diese speziellen Kringel auf den Tisch. Die Männer aßen sie am liebsten, weil sie nicht so süß waren. Aber auch wir Kinder standen dann mit großen Augen vor dem Keksteller, um wenigstens einen zu erhaschen. Mutter blickte dann meist etwas streng, während Vater dann meinte: ›Nu lot se man, eenen schöt se wohl hebben.‹«

Himmelstorte (Lisa)

¾ Pfund Butter, ⅜ Pfund Zucker, 1 Ei, 1 Eigelb, ¾ Pfund Mehl; Belag: Eischnee von 2 Eiweiß, ⅜ Pfund Zucker, ¼ Pfund Mandeln, Schlagsahne

Butter, Zucker, Ei und Mehl zu einem Teig verrühren und fünf dünne, gleichmäßige Böden herstellen. Eischnee und Zucker steif schlagen, gleichmäßig auf den Böden verteilen und mit Mandeln bestreuen. Die einzelnen Böden bei mittlerer Hitze hellgelb backen. Die ausgekühlten Böden kurz vor Gebrauch mit Schlagsahne bestreichen und übereinanderschichten.

Kartoffeltorte (Frau Voss)

1¼ Pfund geriebene Kartoffeln, 12 Eier, ¾ Pfund Zucker, ½ Pfund gemahlene Mandeln, 1 Zitrone, 2 gehäufte Eßlöffel Mehl

Mehlige Kartoffeln am Tage vorher nicht ganz weich kochen und abpellen. Abkühlen lassen und durch die Reibemaschine geben. Die Masse auf einer flachen Schüssel ausbreiten und bis zum nächsten Tag an einen luftigen Ort stellen. Eidotter, Zucker, geriebene Zitronenschale, Zitronensaft und Mandeln vermengen und ½ Stunde gleichmäßig nach einer Richtung rühren. Die

Kartoffeln nach und nach dazugeben. Eiweiß zu festem Schnee schlagen, das Mehl hinzugeben und unter den Teig rühren. In eine gefettete größere Form geben und bei mäßiger Hitze (ca. 175 Grad) 1¼ Stunden backen.

Kiekengees

1 Eßlöffel Butter, ¼ Liter Wasser, ¾ Pfund Zucker,
1 Eßlöffel Hirschhornsalz, Zitrone, Kaneel, Kardamom,
1½ Pfund Mehl, Rosenwasser, Zuckerguß
Butter, Zucker und Wasser verrühren. Gewürze und Mehl hinzufügen, ausrollen und lustige Figuren ausstechen. Bei schwacher Hitze backen, da die Figuren hell bleiben müssen. Mit gefärbtem Zuckerguß bestreichen oder bemalen.

»Kiekengees (Kindkeeskoken, Kind-Jesus-Kuchen) erinnern mich an meine Kindheit. Zu gerne stellten wir als Kinder während der Adventszeit einen Teller oder Schuh in die Fensterbank und waren glücklich, wenn am nächsten Morgen ein Reitersmann, ein Schaf oder Pferd aus Kuchenteig darin lagen. Oft hingen diese Figuren auch im Weihnachtsbaum, oder man konnte sie wäh-

rend der Vorweihnachtszeit beim Bäcker kaufen. Die Rezepte waren von Haus zu Haus verschieden. Mal fertigte man die Figuren aus einem einfachen Brotresteteig, mal aus einem zuckersüßen Kuchenteig. Aber uns hat es immer geschmeckt. Es gab damals wenig Süßigkeiten, und man war auch über Kleinigkeiten hocherfreut.«

Mutters braune Pletten

¼ Pfund Butter, ¼ Pfund Schmalz, 1 Pfund Kuchensirup, ½ Pfund Zucker, 80 Gramm gehackte Mandeln, 1 Teelöffel Hirschhornsalz, 1 Teelöffel Pottasche, etwas Zimt und Kardamom, 1½ Pfund Mehl

Sirup, Butter und Schmalz heiß stellen, wenn leicht flüssig, mit dem Zucker verrühren. Hirschhornsalz, Zimt, Kardamom und die mit etwas Sahne aufgelöste Pottasche dazugeben. Mehl gut unterkneten. Den kalten Teig dünn ausrollen und mit einem Kuchenrädchen rechteckige Plättchen ausradeln. Auf ein gefettetes Backblech geben und 15 bis 20 Minuten bei 200 Grad backen.

Nußkuchen (Karoline)

½ Pfund Butter, ½ Pfund Zucker, ½ Pfund Haselnüsse, ½ Pfund Mehl, 4 Eier, 1 Päckchen Vanillezucker, ½ Päckchen Backpulver, 1 Tafel Blockschokolade (200 Gramm, Bitter oder Vollmilch)

Butterflocken (weich), Zucker und Eier lange schaumig rühren. Löffelweise Mehl, dann Vanillezucker und Backpulver dazugeben. Grobgemahlene Haselnüsse und grobgehackte Schokolade vorsichtig darunterheben. In eine Napfkuchenform geben und 1 bis 1½ Stunden bei mittlerer Hitze backen. Mit der Nadel prüfen.

Pflaumentaschen (Annegrete)

½ Pfund Butter, ½ Pfund Quark, ½ Pfund Mehl, 1 Paket entsteinte Backpflaumen, 1 Eßlöffel Zucker, Hagelzucker, 1 Ei

Butter, Quark und Mehl zusammenkneten und 1 Stunde kalt stellen. Den Teig dünn ausrollen, mit einem Kompottschüsselchen Kreise ausstechen und auf die eine Hälfte Häufchen aus den zu Pflaumenmus gekochten Backpflaumen setzen. Die andere Hälfte darüberklappen und rundherum fest andrücken. Mit verquirltem Ei bestreichen und mit Hagelzucker bestreuen. Auf ein gefettetes Blech geben und 20 Minuten bei 220 Grad backen.

Preetzer Eierkringel

5 Eier, ¼ Pfund Butter, 4 Eßlöffel Zucker, ½ Pfund Mehl, Hagelzucker

Butter sahnig rühren, von 4 hartgekochten Eiern die Dotter, Zucker und Mehl nacheinander hinzugeben. Den Teig auf einem mit Mehl bestäubten Brett ausrollen, kleine Kränze formen, mit rohem Ei überpinseln und mit Hagelzucker bestreuen. Bei mäßiger Hitze (ca. 175 Grad) etwa 10 Minuten hellbraun backen.

Schneeflocken (Frau Voss)

½ Pfund Butter, 4 gehäufte Eßlöffel Zucker, ½ Pfund Mais-
mehl, 6 gestrichene Eßlöffel Weizenmehl, 1 Päckchen
Vanillezucker
Alles zusammenkneten, walnußgroße Kugeln formen,
auf ein gefettetes Blech geben und bei mäßiger Hitze
›garen‹ (etwa 15 Minuten bei 150 Grad).

Schokoladentorte

200 Gramm Butter, 200 Gramm Zucker, 8 Eier,
200 Gramm geriebene Schokolade, 100 Gramm Mandeln,
150 Gramm Weizenmehl, 1 Päckchen Backpulver; Schoko-
ladenglasur: 180 Gramm Butter, 180 Gramm Zucker,
180 Gramm Schokolade
Butter und Zucker schaumig rühren. Die Eidotter nach
und nach dazugeben. Die geriebene Schokolade, die
Mandeln und das mit Backpulver vermischte Mehl
dazugeben und den steifgeschlagenen Eischnee unterziehen. In eine gefettete Kastenform geben und bei guter
Hitze (ca. 200 Grad) 1¼ Stunden backen. ¼ Stunde
ohne Hitze im Ofen lassen. Den erkalteten Kuchen mit
der Schokoladenglasur (alle Zutaten gut verrühren)
bestreichen.

Schwarzbrot

13 Pfund Roggenmehl, 2½ Pfund Sauerteig (vom Bäcker),
2 Pfund Kartoffelflocken oder Kartoffelmehl, 3 Liter Was-
ser, 1 Tasse Salz, 1 Eßlöffel Kümmel (Originalrezept für
2 große Brote)
8 Pfund Roggenmehl am Abend mit den Kartoffelflok-
ken vermischen. Mit mit lauwarmem Wasser angerührtem Sauerteig, Salz, Kümmel und dem übrigen Wasser
die Mehlmischung gut verrühren und an einen warmen

Ort stellen. Am nächsten Morgen werden die restlichen 5 Pfund Mehl dazugegeben und geknetet, 2 Brote aus dem Teig geformt und nach nochmaligem Aufgehen im sehr heißen Ofen etwa 2 Stunden gebacken.

Swartbroot-Rimels

Klare Water ut de Soot,
deegte, swarte Buernbroot,
Arbeit sünner Hast un Noot
maakt de Baken frisch un root.

Swarte Broot
dagut, dagin
bringt di hooch
int Öller rin.

Swarte Broot
ut Buernhand —
rechte Kost
för Stadt un Land.

Plattdütsch Snack
un swarte Broot
deit uns Nedderdütschen goot.

Schwarzbrottorte (G. Lam)

4 Eier, ½ Pfund Zucker, ¼ Pfund geriebenes Schwarzbrot,
¼ Pfund Kartoffelmehl, ½ Backpulver, 2 Eßlöffel Rum,
1 Eßlöffel Kakao, 1 Eßlöffel gehackte Mandeln, Schlag-
sahne

Eigelb und Zucker schaumig rühren. Brot, mit Backpulver vermischtes Mehl, Rum, Kakao und Mandeln dazugeben. Gut vermengen. Den steifen Eischnee unterziehen und das Ganze in eine gefettete Springform geben.
Etwa 1 Stunde bei 180 Grad backen. Die Torte auskühlen lassen, waagerecht aufschneiden und mit Schlagsahne füllen.

Sirupkuchen (Oma Harmsen)

½ Pfund Sirup, 1 Pfund Mehl, 2 gehäufte Eßlöffel Zucker,
4 Eßlöffel Essig, 1 Ei, 1 Päckchen Backpulver, ½ Teelöffel
Hirschhornsalz, Zimt, Nelken, Rosinen, geriebene Zitronen-
schale, eventuell Nüsse, 1 Tasse Malzkaffee

Sirup, Zucker, Ei, Essig und Gewürze 10 Minuten lang
rühren. Backpulver und Hirschhornsalz mit dem Mehl
sieben und abwechselnd mit schwarzem Malzkaffee

dazurühren. Es muß einen dickflüssigen Teig ergeben.
Rosinen, Zitronenschale und Nüsse nach Geschmack
hinzugeben. In eine gefettete Form füllen und 1 Stunde
bei mäßiger Hitze backen.

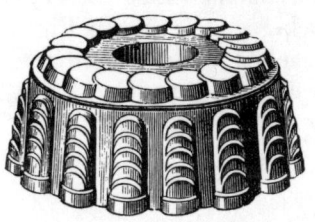

Tante Tines Schokoladenkränze

*¾ Pfund Butter, 300 Gramm Zucker, 1 Ei, 4 Eßlöffel
gehackte Mandeln, 5 Eßlöffel Kakao, 1 Pfund Mehl, Hagelzucker*
Butter und Zucker glattrühren und die übrigen Zutaten
dazugeben. Den Teig eine Weile kalt stellen, anschließend fingerdicke Röllchen drehen und kleine Kränze
formen. Mit Hagelzucker bestreuen. Auf ein gefettetes
Blech geben und 15 Minuten bei 180 bis 200 Grad bakken.

Walnußpuffer

*½ Pfund Butter, 200 Gramm Zucker, 4 Eier, 200 Gramm
Sukkade, 200 Gramm Walnußkerne, Schale von 2 Zitro-
nen, ½ Pfund Weizenmehl, ½ Päckchen Backpulver*
Butter und Zucker schaumig rühren, nach und nach die
Eier dazugeben. Sukkade, geriebene Zitronenschale,
Walnußkerne und zuletzt das mit Backpulver vermisch-
te Mehl unterrühren. In eine gefettete Form geben und
1½ Stunden bei 150 bis 170 Grad backen.

Weiße Nüsse (Oma Krumstedts Originalrezept zu Weihnachten)

4 Pfund Butter, 1½ Pfund Zucker, ¼ Pfund Mandeln, für 5 Pfennig Hirschhornsalz, für 2 Pfennig Pottasche, 1 Zitrone, für 5 Pfennig Kardamom, 1 Eidotter, 6 Pfund Mehl
Butter und Zucker sahnig rühren. Eigelb, Mandeln und Gewürze hinzugeben und das Mehl unterkneten. Kleine Häufchen auf ein gefettetes Backblech setzen und bei mittlerer Hitze hellgelb backen.

Zwieback

2 Pfund Mehl, ½ Pfund Butter, ½ Liter Sahne oder Milch, ¼ Pfund Zucker, 80 Gramm Hefe, 1 Prise Salz, 2 Eier
Das Mehl erwärmen, in der Mitte eine Vertiefung machen, ¼ Pfund geschmolzene Butter, lauwarme Milch, Salz, Eier und die mit etwas Zucker aufgelöste Hefe hinzugeben. Den Teig gut verrühren und gehen lassen. Nach dem Aufgehen wird die restliche erweichte Butter mit dem Zucker hinzugefügt und das Ganze noch einmal gut durchgeknetet. Kleine Brötchen formen und auf ein gefettetes, mit Mehl bestäubtes Blech legen. Mit erwärmtem Tuch bedeckt nochmals gehen lassen. Im heißen Backofen hellbraun backen. Fertig gebacken, noch heiß, mit warmer Milch bestreichen. Nach dem Erkalten aufschneiden und auf beiden Seiten mit feinem Zucker bestreuen. Nebeneinander auf das Backblech legen und im heißen Backofen bräunlich rösten.

»Auch zum Zwieback-Backen nahmen wir früher gern die Beestmilch, die erste Milch nach dem Kalben, die besonders eiweißhaltig ist und den Teig so schön locker macht.«

Getränke

Dithmarscher Kaffee
Eierbier
Eiergrog
Eiermilch
Fliederlikör
Grog
Holunderblütensekt
Holunderglühwein
Löwenzahnwein
Pharisäer
Punsch
Quittenlikör
Rhabarbersaft
Roher Erdbeersaft
Rosenbowle
Schlehenlikör
Schlehensaft
Teepunsch
Waldmeisterbowle
Windstärke Neun

Maibowle und Bakenbrennen

Der Frühling zog ins Land, und es wurde Zeit, sich endgültig vom Winter zu verabschieden. Man sammelte alte Sträucher, Holz, Baumausschnitt und alles Gerümpel, das sich zum Verbrennen eignete, baute daraus Baken (Riesenhaufen), die am letzten Aprilabend angezündet wurden. Mit den hohen, gen Himmel lodernden Feuern wollte man die Wintergeister vertreiben und die Wärme des Sommers herbeizaubern. Es wurden alle möglichen Volkslieder gesungen, und manchmal hielt der Herr Pastor auch eine Feuerrede. Anschließend zogen die Leute gemeinsam zu einem Bauern, der seine Diele für den Maitanz freigeräumt hatte. Damit das Tanzen noch mal so gut ging, hatte er den Dielenboden mit ausgestreuten Haferkörnern glattgemacht. Man tanzte bis in den frühen Morgen, und die Maibowle floß in Strömen . . .

Dithmarscher Kaffee

1 Liter Wasser, 1 Ei, 8 Teelöffel gemahlener Kaffee

Wasser zum Kochen bringen. Das Ei mit etwas kaltem Wasser verrühren, Kaffee zugeben und die Mischung ins sprudelnde Wasser schütten. 2 bis 3 Minuten aufkochen und dann 10 Minuten ziehen lassen. Durch einen Papierfilter geben und sofort trinken.

»Diesen Kaffee tranken wir nur, wenn wir Besuch hatten. Oben auf dem Boden stand ein großer Emaillekessel, der dann geholt und ausgekocht wurde. Wir bereiteten nur Dithmarscher Kaffee darin zu. Ansonsten tranken wir alltags Kaffee-Ersatz, wie Malzkaffee oder Kornkaffee, und am Wochenende gab es dann eine gute Tasse Bohnenkaffee.«

Eierbier

2 Liter Malzbier, 6 Eier, Zucker, 1 Zimtstange, Schale von 1 Zitrone
Malzbier mit Zucker, Zimt und Zitronenschale aufkochen. Die Eier schaumig schlagen und unter Rühren langsam in das Bier geben. Die Zimtstange entfernen und das Bier heiß trinken. Man kann auch helles Bier nehmen, dann ist der Geschmack allerdings sehr viel herber.

Lenchens Variante:
1 Liter Bier, 4 Eßlöffel Zucker, ½ Stange Zimt, 1 Prise Ingwer, 2 Eigelb, 1 Gläschen Korn, ⅛ Liter Sahne

Das Bier nach Geschmack süßen und mit der Zimtstange erhitzen. Kurz vor dem Kochen die schaumig geschlagenen Eier unter Rühren langsam dazugeben. Ingwer und Korn ebenfalls hineinrühren. Die Zimtstange entfernen und flüssige Sahne untermengen. Heiß servieren!

Eiergrog

Pro Person: 1 Eigelb, 1 Eßlöffel Zucker, 1 Gläschen Rum
Eigelb mit Zucker und Rum schaumig rühren. In ein Glas geben und mit kochendem Wasser langsam auffüllen.

»Für ›Schleckermäuler‹ der richtige Aufwärmer, wenn's draußen stürmt und schneit!«

Eiermilch (Tine Peters)

1 Eigelb, 1 Teelöffel Zucker, 1 Teelöffel Zitronensaft,
¼ Liter Milch, 1 Eßlöffel Weinbrand, 1 Eiweiß
Eigelb, Zucker und Zitronensaft schaumig rühren. Die kochende Milch nach und nach dazugeben und bis zum Abkühlen schlagen. Nach dem Erkalten den Weinbrand dazugeben und den Eischnee darunterziehen.

Fliederlikör (Mimi Ehlers)

4 Pfund reife Fliederbeeren, 1 Liter Wasser, 2 Pfund Zuk-
ker, 1 Vanillestange, 1 Flasche guter Rum, ¼ Liter Wein-
geist

Die Fliederbeeren mit dem Wasser auskochen und
durch einen Beutel gießen. Den Saft mit dem Zucker
und der Vanillestange aufkochen. Erkalten lassen, Rum
und Weingeist dazugeben, sofort in Flaschen füllen und
gut verschließen.

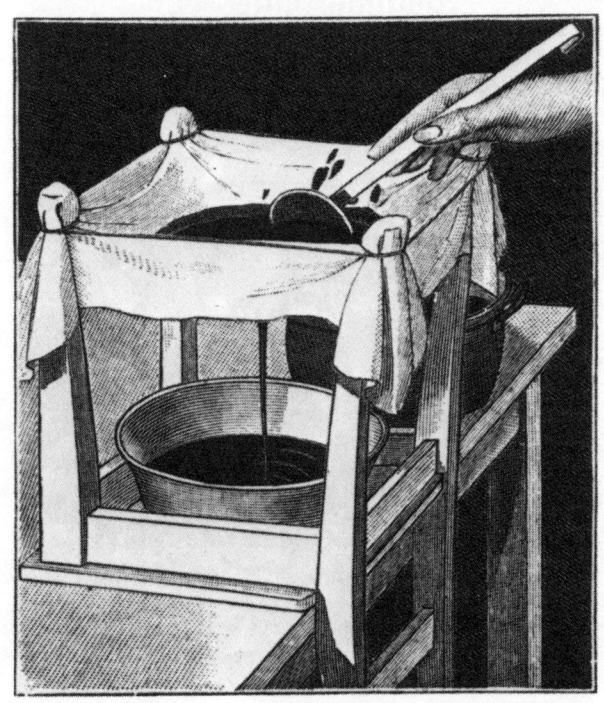

Grog

Rum, Zucker, Wasser
In ein Grogglas (mit Stiel) gibt man kochendes Wasser (ca. dreiviertelvoll, je nachdem, wie stark das Getränk sein soll), ein bis zwei Stücke Zucker und so viel Rum, bis das Getränk eine goldgelbe Farbe hat. Heiß trinken!

»Grog wurde besonders gern im Winter getrunken (auch heute noch). Ein beliebter Spruch bei uns zu Hause: ›Wasser kann, Zucker soll, Rum muß!‹«

Holunderblütensekt

15 Dolden Holunderblüten, 4 Pfund Zucker, 6 Zitronen in Scheiben, 50 Gramm Zitronensäure, 10 Liter Wasser

Die Blütendolden gut waschen, in einen Steintopf legen. Wasser, Zitronenscheiben und Zucker auf die Holunderblüten geben und das Ganze 24 bis 36 Stunden ruhen lassen, bis sich der Zucker aufgelöst hat. Die Flüssigkeit durch ein Seihtuch geben und nochmals 24 Stunden stehenlassen. Ein zweites Mal abseihen und wiederum 24 Stunden stehenlassen. Dann in gut gereinigte Flaschen füllen und fest verschließen. An einem möglichst sonnigen Platz lagern, damit das Getränk gut gären kann. Erster Probeschluck: nach ungefähr 5 Wochen.

»Mutter hatte immer das Regal voll mit ›Holler-Sektflaschen‹. Für uns war und ist es noch immer ein erfrischendes und vor allen Dingen auch preiswertes Sommergetränk.«

Holunderglühwein

1 Liter Holundersaft, 3 bis 4 Eßlöffel Zucker, ein Stück Zimtstange, 3 Nelken
Den Saft mit dem Zucker, der Zimtstange und den Nelken aufkochen. Heiß trinken!

Löwenzahnwein

So viele Löwenzahnblüten, wie man sechsmal zwischen beiden Händen gut zusammengepreßt halten kann, 6 Liter Wasser, 2 Zitronen, 2 Apfelsinen, 6 Pfund Zucker, etwas Hefe (Weinhefe)
Die Löwenzahnblüten in Wasser zusammen mit der Zitronen- und Apfelsinenschale 15 Minuten kochen, abseihen. Den Saft der Zitronen und Apfelsinen sowie den Zucker hinzufügen und die Flüssigkeit auskühlen lassen. Die Hefe mit etwas lauwarmem Wasser anrühren und dazugeben. Alles in einem Krug oder einer großen

»Mit Pferd und Wagen, beladen mit vielen Kannen, fuhren wir die Milch zur Molkerei. In die leeren Kannen füllten wir Magermilch für die Kälber. Auf unserem ›Schrubbplatz‹ hinterm Haus wurden die Kannen anschließend gewaschen und zum Trocknen aufgehängt.«

Flasche an einem gleichmäßig warmen Platz 5 Tage lang gären lassen. Danach wieder abseihen und die Flüssigkeit in sehr gut gereinigte oder sterilisierte Flaschen füllen und gut verschließen. Kühl, dunkel und liegend aufbewahren. Nach 2 Monaten ist das Getränk fertig und sehr lange haltbar. Richtig zubereitet ist der Löwenzahnwein wasserhell und stark moussierend wie Sekt.

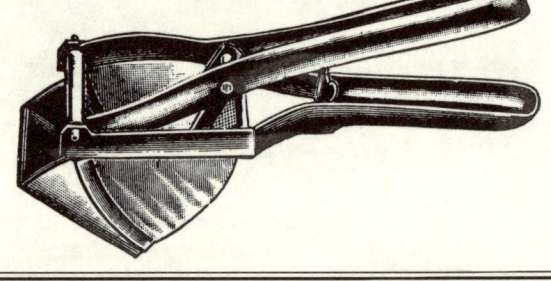

Kaffee mit Schuß

Um das heute noch beliebte Getränk ›Pharisäer‹ ranken sich viele Geschichten. Aber bei allen Überlieferungen trug es sich im ›hohen Norden‹ und in Gegenwart eines Pastors zu:

Bei einer Kindtaufe war auch der Herr Pastor zur Kaffeetafel geladen. Um nicht den Zorn des Seelenhirten zu erwecken, wollte man mit dem Alkoholgenuß warten, bis er sich verabschiedet hatte. Aber der Gottesmann dachte gar nicht daran zu gehen. Der Gastgeber überlegte, wie er ein bißchen mehr Schwung und gute Laune in die etwas ›dröge‹ Kaffeerunde bringen könnte. Da kam ihm die Idee! Bereits in der Küche gab er in alle Kaffeetassen einen kräftigen Schuß Rum und einen Löffel voll Zucker, den Kaffee des Herrn Pastors natürlich ausgenommen. Um den verräterischen Duft des Alkohols zu verbergen, setzte er auf den Kaffee eine dicke Schlagsahnehaube. Die Stimmung stieg zusehends. Als man in dem Trubel die Tasse des Herrn Pastors verwechselte, fiel der Schwindel auf, er erkannte, was da hinter seinem Rücken gespielt wurde, und rief: »Oh, ihr Pharisäer!« — So kam ein neu erprobtes Getränk auch gleich zu seinem Namen.

Pharisäer

¾ Tasse heißer, starker Kaffee, 1 Teelöffel Zucker,
1 Likörglas Rum, geschlagene Sahne
Kaffee mit Zucker und Rum verrühren. Sahnehaube obendrauf setzen.

Punsch (Antje Martens)

1 Liter Rum, 2 Flaschen Weißwein, 2 Flaschen Selter,
1 Liter Wasser, 1 Pfund Zucker
Alles gut verrühren und kalt servieren.

»Wenn groß gefeiert wurde, zum Beispiel Ernteball oder Hochzeit, dann gab es Punsch. Das Getränk wurde in Bowlengefäßen serviert und mit einer großen Schöpfkelle in die Bowlengläser gefüllt.«

Quittenlikör (Frau Thies)

¼ Liter Quittensaft, ¼ Liter klarer Korn, 1 Pfund Zucker,
10 Nelken, 50 Stück gestoßene Korianderkörner, 1 Eßlöffel
gehackte, bittere Mandeln

Alle Zutaten gut vermengen, in Flaschen füllen und täglich schütteln. 4 Wochen in der Sonne oder an einem warmen Ort stehen lassen. Zuletzt durch ein Tuch seihen.

Rhabarbersaft (Gesche)

Rhabarber in 2 Zentimeter lange Stücke schneiden und in einen großen Steintopf geben. Hinzu kommen 2 bis 4 Scheiben Zitrone. Kochendes Wasser darübergießen, bis der Rhabarber bedeckt ist. Zugedeckt 24 Stunden stehen lassen. Durch ein Sieb geben, den Saft mit Zucker aufkochen und heiß in Flaschen füllen. Auf einen Liter Saft rechnet man ½ Pfund Zucker.

Roher Erdbeersaft

6 Pfund Erdbeeren, 25 Gramm Zitronensäure, 1 Liter abgekochtes Wasser, 4 Pfund Zucker
Die sauberen Erdbeeren in einen Steintopf geben und die in dem abgekochten Wasser aufgelöste Zitronensäure darübergießen. Ab und zu mit einem silbernen Löffel umrühren. 24 Stunden kühl stehen lassen. Durch ein Tuch geben, jedoch nicht drücken. Den Saft mit dem Zucker verrühren, bis der Zucker aufgelöst ist. In Flaschen füllen und gut verschließen.

Rosenbowle (Mariechen)

Blütenblätter von 5 Rosen, 2 Liter Weißwein, 3 Eßlöffel Zucker, 1 Liter Sekt, Zitronensaft nach Geschmack
Rosenblätter und Zucker mit 1 Liter Wein ansetzen. Zugedeckt 1 Stunde an einen kühlen Ort stellen. Anschließend in ein Bowlengefäß seihen, den restlichen Wein und den Zitronensaft dazugeben und die Bowle vor dem Servieren mit gut gekühltem Sekt auffüllen.

Schlehenlikör

4 Liter Schlehen, 4 Liter Wasser, 4 Pfund Zucker, 100 Gramm bittere Mandeln, 1 Stange Vanille, 1 Liter Rum

Die Schlehen mit Wasser aufkochen und erkalten lassen. Durch ein Seihtuch geben und die Flüssigkeit mit Zucker, Mandeln und der Stange Vanille aufkochen. Nach Erkalten den Rum hinzufügen und in Flaschen füllen.

Schlehensaft (Oma Harmsen)

Die nach dem ersten Frost gepflückten Schlehen in einen Steintopf geben und mit kochendem Wasser übergießen. Der sich bildende Saft wird am nächsten Tag abgegossen, noch einmal aufgekocht und wieder heiß über die Schlehen gegossen. Am dritten Tag erfolgt die gleiche Prozedur noch einmal. Am vierten Tag ist der Saft fertig, kann abgegossen und weiterverwendet (s. Schlehenlikör) oder, mit Zucker aufgekocht, in Flaschen abgefüllt werden.

Teepunsch

2 Tassen schwarzer Tee, Saft und Schale von 1 Zitrone, ¼ Pfund Zucker, 1 Flasche Weißwein, ⅛ Liter Rum
Die feingeschälte Zitronenschale im Tee 10 Minuten ziehen lassen. Tee, Weißwein, Zitronensaft und Zucker in einen Topf geben und leicht aufkochen lassen. Den Rum kurz vor dem Servieren hinzufügen.

Waldmeisterbowle — Maitrank

1 Sträußchen Waldmeister vor der Blüte, 2 Eßlöffel Zucker, 1 Flasche Weißwein, Sekt oder Mineralwasser
Das Waldmeistersträußchen zur besseren Aromaentfaltung etwas anwelken lassen, an langem Faden in das

Bowlengefäß hängen und mit dem Weißwein begießen. Die Schnittstellen der Stiele sollen nicht vom Wein bedeckt sein. 1 bis 2 Stunden gut gekühlt ziehen lassen. Unterdessen den Zucker mit ganz wenig Wasser klarkochen, kühlen und hinzufügen. Mit Sekt oder Mineralwasser aufgießen.

Windstärke Neun

12 Teelöffel Tee, ½ Liter Wasser, 1 Zitrone, ¼ Pfund Zukker, 1 Flasche kräftiger Rotwein, 1 Flasche Portwein, 1 kleine Flasche Weinbrand (ergibt ca. 18 Gläser)
Den Tee aufbrühen und nach 5 Minuten abgießen. Zitronenschale über den Zucker reiben und den Zucker in den heißen Tee geben. Den Rotwein und den Portwein hinzufügen und das Ganze bis kurz vor dem Kochen erhitzen, vom Feuer nehmen, den Weinbrand hinzufügen und sofort servieren.

»Der richtige Aufwärmer und Stimmungsmacher für kalte, rauhe Winterabende.«

Schlachten

Bratwurst
Dithmarscher Eierleberwurst
Grützwurst
Kartoffelmettwurst
Preßkopf
Schwarzsauer

Steekfleesch und Finnen spölen

Nahte der Winter, kam auch die Zeit des Schlachtens. Und wo geschlachtet wurde, wurde auch gefeiert. Man freute sich, daß wieder frisches Fleisch und Wurst ›satt‹ auf den Tisch kamen. Endlich konnte man mal wieder so richtig nach Herzenslust schlemmen. Aber natürlich war das Schlachten auch mit sehr viel Arbeit verbunden. Viele Hände mußten vom frühen Morgen bis zum späten Abend helfen, das Schwein zu zerlegen und zu verarbeiten. Es wurde gepökelt, geräuchert und in Sauer gelegt. Man bereitete die Würste zu und kochte Riesenportionen Schwarzsauer. Alles wurde verwertet, nichts blieb übrig. Doch trotz all der Arbeit nahm man sich auch Zeit, dieses Ereignis gebührend zu feiern. Das begann schon morgens, wenn das Schwein zum Auskühlen an der Leiter hing. Freunde und Nachbarn fanden sich ein, um das Schlachtvieh zu begutachten. Mit Kennermiene wurde das Gewicht geschätzt, und mit einem ›anständigen Korn‹ oder einem ›steifen Grog‹ wurden die ›Finnen gespölt‹ (man spülte symbolisch die Krankheiten, die ein Tier eventuell haben könnte, weg). Es wurde Kaffee getrunken, eine gute Zigarre geraucht, ›geklönt‹, man war ausgelassen und guter Dinge. Die Kinder freuten sich auf ihre Extrawürste, und die Erwachsenen aßen abends in der Diele am langen Tisch das ›Steekfleesch‹ (das Stück mit der Einstichwunde), frische Schlachtsuppe und Schwarzsauer. Für den Altbauern gab es meist ›dat Swienspiele‹ — sozusagen als Ehrbezeugung. An so einem Tag war man natürlich auch zu Schabernack aufgelegt. So konnte es durchaus vorkommen, daß einem der Anwesenden unbemerkt ein Schweineohr in die Jackentasche geschmuggelt wurde oder daß er mit einem kleinen Ringelschwänzchen, am Hinterteil befestigt, von dannen zog...

Und so sah der ›Schlachtplan‹ beim Schweineschlachten aus:

Kopf:
Sülze, Preßkopf
Ohren, ›Snuten un Poten‹:
zum Gelieren
Backen:
pökeln und räuchern
Nacken:
Braten, auch Sauerbraten
Schultern:
pökeln und räuchern,
auch Wurst
Schinken:
pökeln und räuchern
Rückenspeck:
pökeln und räuchern
Bauchspeck:
Blut- und Leberwurst
Karbonadenstrang:
Karbonade und Kasseler

Rippen:
saure und gefüllte Rippen
Beine:
Eisbein, pökeln und
räuchern
Herz und Lunge:
Blutwurst, Ragout
Leber:
Leberwurst
Filet:
Mürbebraten
Nieren:
Schwarzsauer
Blut:
Blut- und Grützwurst,
Schwarzsauer,
schwarzer Mehlbeutel
Flomen:
ausbraten für Schmalz

»Alles wurde sauber zerlegt auf einem weißen Laken im kühlen Keller ausgebreitet. Und dann ging man systematisch ans ›Konservieren‹.«

Bratwurst

4 Pfund Fleisch mit Fett durchwachsen, ¾ Liter Milch, Salz, gestoßener weißer Pfeffer und Nelkenpfeffer, eine Prise Majoran, 7 bis 8 Meter Darm
Das Fleisch viermal durch die Fleischhackmaschine geben, mit den Gewürzen und der Milch ca. ½ Stunde

zu einer geschmeidigen Masse verrühren. Diese lose in die mit einem Messer von allem Fett befreiten Därme stopfen.

Dithmarscher Eierleberwurst

2½ Pfund Schweineleber, 12 Eier, 1 Liter Milch, 1 Pfund Schmalz, 7 gestrichene Teelöffel Salz, etwas Nelkenpfeffer, 150 bis 200 Gramm Weizenmehl

Leber roh durch die feine Scheibe des Fleischwolfs drehen. Mit den übrigen Zutaten und dem zerlassenen Schmalz gut vermengen und in die gereinigten, abgebundenen Därme füllen. In reichlich kochendem Wasser gar ziehen lassen (ca. 20 bis 30 Minuten). Die Leberwurst — sie eignet sich auch als Brotaufstrich — wird heiß zu Pellkartoffeln und Senftunke gegessen.

Grützwurst

¾ Pfund mittelfeine Hafergrütze, ½ Liter Brühe, ½ Pfund Rosinen, etwas Nelkenpfeffer, 1 Eßlöffel Salz, ½ Liter Blut

Die Grütze gut waschen und 1 Nacht in der Brühe weichen lassen. Am nächsten Tag die Gewürze mit der Grütze mischen und abschmecken. Das Blut durch ein Sieb geben und mit der Masse vermengen. Im Tuch oder in einer mit Speckscheiben ausgelegten Puddingform im Wasserbad gar kochen. Man kann die Grützwurst auch lose in Därme geben und im Wasser gar ziehen lassen.

»Am Tag nach dem Schlachten gab es immer Wurst. Da durften wir soviel essen, wie wir wollten. Wir konnten es kaum erwarten, bis die warme, frische Grützwurst, die Leberwurst mit Kartoffeln und gestobten Rüben auf den Tisch kamen.«

Kartoffelmettwurst (Tante Hedwig)

4 Pfund Schweinefleisch, 4 Pfund Rindfleisch, 3 Pfund Räucherspeck, 4 Pfund kalte, gekochte Kartoffeln, ¼ Liter Milch, Salpeter, weißer Pfeffer, Salz (Originalmengen)

Fleisch, Speck und Kartoffeln durch den Fleischwolf drehen (nicht zu fein). Die gekochte und erkaltete Milch dazugeben und mit Salz, Salpeter und Pfeffer abschmecken. ½ Stunde gut kneten und in die Därme füllen. Nach 3 bis 4 Tagen in den Rauch hängen. Nach ca. 3 Wochen kann die Wurst angeschnitten werden.

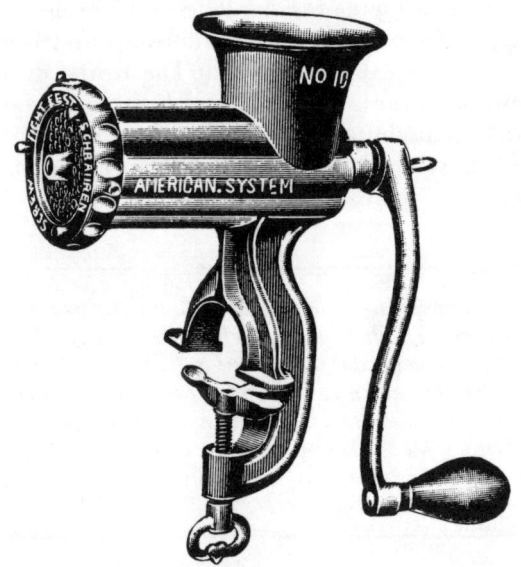

Preßkopf

1 gekochter Schweinskopf, Salz, Pfeffer, 1 Magen

Den Schweinskopf in kleine Würfel schneiden und mit Salz und Pfeffer abschmecken. Dann in den gesäuberten Magen stopfen und zunähen. Man kann die Füllmasse auch in ein Tuch binden. In eine große Schüssel geben und leicht mit Brühe begießen. Den Beutel herausnehmen und 1 Nacht mit Brett und Stein beschweren und pressen. In Salz- oder Essigwasser einlegen.

Schwarzsauer

3 Pfund Schwarzsauerfleisch (Herz, Nieren, blutiges und dunkles Fleisch; Spitzbeine und Ohren nur zum Mitkochen), 1 Liter Wasser, 1 Liter Essig, 1 Liter Blut, Salz, Pfefferkörner, 1 Zwiebel, 1 Lorbeerblatt, etwas Zucker

Das Fleisch in kleine Stücke teilen und in dem Essigwasser mit Zwiebel, Salz, Pfefferkörnern und Lorbeerblatt gar kochen, herausnehmen. Die Brühe durchsieben und das Blut unter kräftigem Rühren hinzufügen. Mit Zucker abschmecken. Das Fleisch wieder hineingeben und kurz aufkochen lassen. Warm servieren. Dazu ißt man Mehlklöße.

»Unser ›Swattsuer‹ wurde am Schlachttag fertiggekocht und in irdene Kruken gefüllt. Mit einer Schmalzschicht deckte man die Töpfe ab und machte das Gericht so für Monate haltbar. Die Kruken standen im kühlen Keller, und wir holten uns immer soviel, wie wir gerade brauchten. Es war ein reines Wintergericht. An der verbleibenden Menge konnten wir feststellen, wie lange es noch bis zum Frühjahr dauerte, wenn es dann wieder hieß: ›Na, nu mut dat Swattsuer aber ok mol wech . . .‹«